시민과의 소통으로 새롭게 시작되는 도시

소통
도시
서울

| 서울을 바꾸는 정책 |
새로운 도시 04

소통도시 서울

지은이 김병희
초판1쇄인쇄 2017년 2월 21일
초판1쇄발행 2017년 2월 28일

펴낸이 김수현
펴낸곳 서울연구원
편집 김경혜, 전말숙, 송도숙, 이소정
디자인 림霖 디자인
인쇄·제본 현문인쇄
업무협조 서울특별시청 김설희, 김영수, 최영미, 박세중
서울연구원 고준호, 이원영

주소 서울시 서초구 남부순환로 340길 57
전화 02-2149-1234
팩스 02-2149-1019
홈페이지 www.si.re.kr
ISBN 979-11-5700-155-2 04300
979-11-5700-113-2 (세트)

소통도시 서울 / 지은이: 김병희. -- 서울 : 서울연구원, 2017
p. ; cm. -- (서울을 바꾸는 정책 ; 04.새로운 도시)

권말부록: 서울시와 만나는 20가지 방법
참고문헌 수록
ISBN 979-11-5700-155-2 04300 : ₩7000
ISBN 979-11-5700-113-2 (세트) 04300

지방 행정[地方行政]
정책[政策]
서울(특별시)

359.116-KDC6
352.1409519-DDC23 CIP2017002436

서울을
바꾸는
정 책

새로운 도시
04

소통
도시
서울

시민과의 소통으로 새롭게 시작되는 도시

김병희 지음

서울연구원
The Seoul Institute

서문

소통도시 서울 만들기

언제부터인가 '불통사회'라는 말이 자주 들린다. 소통이 중요하다는 것을 모두가 알고 있음에도 왜 우리는 여전히 소통의 부재를 느끼며 살아가는가? 사실 말하는 것보다 듣는 것이 더 중요할 때가 많다. 아무리 말을 잘하는 사람도 상대의 말을 듣지 않는다면 진정한 소통을 할 수 없다.

그렇다면 과연 서울시는 시민들과의 소통을 위해 어떤 노력을 해왔을까? 이 책은 민선 5~6기 동안 시민들의 아이디어를 토대로 정책을 만들고 실행해온 열린 서울시정 만들기의 생생한 기록이다. 우선 1장에서는 열린 서울시정 만들기의 흐름을 살펴보고, 열린 도시 서울의 사례를 소개한다. 2장에서는 현장시장실, 청책(聽策)토론회, 주민참여예산제 등 시민들의 목소리와 아이디어가 서울시 정책에 반영된 사례를 보여준다. 3장에서는 서울시가 소통행정 개념을 도입하면서 어떻게 달라졌는지 변화 과정을 담았다. 이와 함께 소통행정의 대표적 사례인 정보소통광장부터 민원 제안 창구인 응답소, 천만 소통 채널인 라이브서울, 열린 데이터 광장, 시민들의 상상놀이터인 천만상상오아시스 등을 살펴본다. 4장에서는 소통도시 서울, 열린 도시 서울의 현안과 전망을 제시한다. 특별히 소통도시 서울을 위한 해결 과제인 수서역 개발, 강남순환도시고속도로 개발, 서울역 고가 7017 프로젝트의 문제점들을 살펴보고 이를 해결하기 위한 앞으로의 과제를 제시한다.

마지막으로 부록에서는 '서울시와 만나는 20가지 방법'을 전한다. 그동안 서울시는 시민들의 생활에 도움이 될 만한 다양한 채널을 만들어 적극적인 온 · 오프라인 활동을 전개해왔다. 그러한 활동 중에서 서울시와 시민이 만날 수 있는 방법을 엄선해서 부록으로 소개한 것이다.

소통도시 서울 만들기의 핵심은 시민들의 의견을 제대로 듣고 소통함으로써 열린 행정을 실천하는 것이다. 그동안 서울시는 소통과 개방을 통한 열린 시정으로 행정의 문턱을 낮추고 시민들이 시정에 참여할 기회의 폭을 넓혔다. 이 책에서는 서울시의 소통행정을 비교적 객관적으로 평가하려고 노력했다. 필자 나름의 기준에 따른 것이지만, 혹시라도 과장된 평가라는 비판이 있다면 이는 필자가 감당할 몫이다.

이 책을 쓰면서 서울시의 각 부서에서 작성한 회의 자료나 연감의 내용을 참조했는데, 본문에 출처를 일일이 밝히지 않고 참고문헌으로 대신했다. 그런 의미에서 이 책은 필자가 썼다기보다 기존 자료들을 새로 편집하고 재가공했다고 하는 것이 더 적합하다. 자료 작성에 참여하신 분들께 감사드리며 아무쪼록 이 책이 서울시의 열린 시정을 이해하는 길라잡이가 되어, 소통 도시 서울을 만드는 데 앞으로 더 많은 시민들이 참여하기를 기대한다.

2017년 2월

김병희

차례

CHAPTER 3 투명하게, 편리하게! 열린 도시 서울

CHAPTER 4 소통과 개방이 서울의 혁신을 이끈다

CHAPTER 1

소통도시 서울

변화의 시작은 소통이다

열린 서울을 위한 개방·공유·소통

우리나라 국민들은 과연 행복한 삶을 누리고 있을까? 2015년 UN이 발표한 〈세계행복보고서〉를 보면 우리나라 국민의 행복도는 10점 만점에 5.9점에 불과하다. 또한 2015년 에델만 신뢰도 지표(2015 Edelman Trust Barometer)에 따르면, 한국에서 각종 신뢰도 지표는 지속적인 하락세를 나타내고 있다. 우리나라는 조사 대상국 27개 중 신뢰도 순위 18위(47점)로 불신 국가 범주에 포함되었다. 특히 기업에 대한 소비자들의 신뢰도는 글로벌 기업의 평균 신뢰도에 비해 현저히 낮은 수치를 기록했다(에델만코리아, 2015).

세월호 참사, 메르스 사태, 교과서 국정화 논란은 불통사회의 면모를 총체적으로 보여준다. 갈등과 대립만 있고 합의와 소통은 없는 듯하다. 우리나라는 지금 '소통의 사면초가(四面楚歌)'에 처했다고 할 수 있다. 국가든 개인이든 소통하려는 의욕이 있다고 해서 소통이 잘 이루어지는 것은 아니다. 소통하기에 앞서 무엇에 '대해' 소통할 것인지를 결정하고, 소통에 대한 기본 소양을 갖추는 것이 중요하다.

불통은 사회구성원들의 극한 대립만 초래한다. 이에 비해 진정한 소통은 소통 당사자 간에 공감대를 형성하면서 해결책을 도출하고 그 결과 산적한 문제들을 해결하는 데까지 나아간다. 그런데 우리는 왜 의사소통을 제대로 하지 못하는 것일까? 다음과 같은 2가지 이유를 생각해볼 수 있다.

첫째, 들으려는 준비가 되어 있지 않기 때문이다. 정부든 단체든 개인이든 오로지 자신의 이야기만 전달하려고 할 뿐 상대방의 이야기에는 귀를 기울이지 않는다.

둘째, 상대방을 생각하지 않고 말하기 때문이다. "우리는 소통하지 않을 수 없다(We cannot communicate)." 커뮤니케이션 관련 책의 첫머리에 자주 인용되는 말이다. 언어적 소통이든 비언어적 소통이든 상대를 고려하지 않은 소통은 결국 불통이다.

정부나 공공기관을 보면 정책 소통을 잘하는 경우도 꽤 있지만 그렇지 않은 곳도 많다. 정부나 공공기관은 국민들이 정말로 원하는 것이 무엇인지, 어떤 메시지를 듣고 싶어 하는지, 보다 섬세하게 분석한 다음 국민들에게 다가가는 자세를 갖춰야 한다.

소통은 국가 이미지와도 관계가 있다. 우리는 보통 외국인들이 우리나라에 대해 호감이 있다고 생각하는 편이지만, 실제로 그렇지 않은 경우도 많다. 한국은 경제적으로 꽤 성공한 국가지만, 직접 한국인들을 만나보면 자기주장만 고수하고 소통하려고 노력하지 않는다는 것이 그 이유다. 소통의 부재는 비호감으로 연결된다. 소통 능력은 '매력 국가'가 되는 출발점임을 모두가 명심해야 한다.

온·오프라인 분야의 소통혁신

그렇다면 우리는 무엇을 어떻게 소통해야 할까? 변화된 미디어 환경에서는 소통 당사자보다 메시지를 받는 사람의 자발성이 중요하다. 재미있게 만들어 전달하면 사람들은 메시지에 주목하며 스스로 알아서 그 소통 속에서 논다. 공공적 메시지가 딱딱한 정보라면 보는 사람이 많지 않겠지만, 상업적 메시지처럼 재미있게 만든다면 여러 사람들이 즐기며 여기저기로 전달할 것이다. 따라서 서울시청 홈페이지에 정말로 흥미진진한 정보가 있다면 그 확산 속도는 기대 이상이 될 것이다.

소통은 오프라인은 물론 온라인에서도 중요하다. 정책 소통도 마찬가지인데 소통방법을 혁신하는 것이 가장 중요하다. 예를 들어 정책 홍보도 포털 형식의 허브를 만들기보다 개인들이 갖고 있는 거점을 해시태그로 연결시키는 식의 발상 전환이 필요하다는 점이다. 이제는 기존에 있던 것을 잘 편집하고 조합하는 큐레이션과 편집 능력이 더 중요한 시대다.

공공 분야는 엄청난 데이터를 보유하고 있는데 이를 소통에 활용하는 것이 중요하다. 변화하는 미디어 환경에 맞춰 모바일 친화적인 카드뉴스, 카카오톡, 인포그래픽 등을 활용해야 한다. 공공 소통의 키워드는 2C로 요약할 수 있다.

첫째, 콘텐츠(Contents)라는 키워드로 공공 소통의 핵심 내용을 제대로 전달하려면 단조로운 메시지보다는 많은 국민들에게 호감을 얻을 수 있는 메시지를 개발해 큐레이션하고 편집해야 한다. 공공 정책에서 강조해야 할 핵심 가치와 일치하는 콘텐츠가 중요하다. 이 부문에 대한 투자는 점진적으로 늘려야 한다.

둘째, 연결(Connectivity)이라는 키워드로 개인과 개인, 더 나아가 개인과 세계를 연결하는 것에서부터 기업 신제품을 발표할 때도 다른 분야와 업종 간 협업 형태로 진행하는 경우가 다반사다. 서로 상승 효과를 내기 위해서다. 또 사물과 사물을 연결하는 사물인터넷(IoT)이나 비콘(Beacon)을 활용할 수도 있다.

스마트 시대에는 모든 것이 융합되면서 미디어를 구분하는 것이 의미가 없어졌다. 미디어는 소통의 수단일 뿐이고, 미디어를 통해 영향력을 얻는 것이 최종 목표다. 미디어 이론가이자 문화비평가인 마샬 맥루한(Marshall McLuhan)이 일찍이 지적했듯이 소셜 미디어는 인간의 감각 기관을 새롭게 확장한 것이다. 책은 눈의 확장이고, 바퀴는 다리의 확장이며, 전자회로는 중추신경 계통의 확장이다. 소셜 미디어로 확장된 감각 기관은 세상을 다른 관점에서 보게 한다. 이제 온라인 및 오프라인 분야의 소통혁신을 통해서 지속 가능한 가치를 창출하는 것이 무엇보다 중요해졌다.

소통도시 서울 만들기의 과정

그동안 서울시는 소통도시 서울을 만들기 위해 다각도로 노력해왔다. 아무리 좋은 정책도 사회적 방향성이 어긋나면 폭발력을 갖기 어렵고, 대중들이 쉽게 이해할 수 있는 핵심 메시지로 정리하지 못하면 공감을 얻기 어렵다.

모멘텀(Momentum)이란 물리학에서 물체의 속도와 질량에 관련된 운동량을 의미한다. 즉 힘이나 기세를 설명할 때도 이 말을 쓴다. 그렇다면 '소통 모멘텀'이라는 말도 있을 수 있다.

소통을 잘해서 사회에 긍정적인 영향을 미치는 운동량을 의미한다고 하겠다. 서울시의 소통도시 만들기는 소통 모멘텀의 특성을 골고루 갖추고 있다. 소통도시를 만들기 위한 정책으로 이 책에서는 현장시장실, 청책토론회, 시민청, 주민참여예산제 등을 다룬다. 그 정책을 개략적으로 살펴보면 다음과 같다.

'현장시장실'은 지역의 주요 현안을 시민과 소통하며 해결방안을 모색하기 위해 현장에 설치한 시장실을 뜻한다. 현장에서 문제의 본질과 해답을 찾을 수 있다는 서울시의 시정철학이 고스란히 드러나는 사례다.

'청책토론회'는 서울시에서 만든 신조어다. 정책을 수립하고 시행하기 전에, 시민의 의견을 듣고(聽) 새로운 정책(策)을 민관이 공동으로 창조하는 협치 시정을 뜻한다. 일주일에 1회씩 분야별 현장 활동가, 전문가, 시민, 공무원 등이 참여하는 현장 경청 투어를 진행하는 등 시정 주요 정책의 전 과정에 시민참여 체계를 구축했다.

'시민청'은 서울시의 주요 청사 등에 설치 · 운영되는 전시, 공연 등 각종 사업을 위한 공간으로, 시민이 주인인 생활마당이다. 2013년 1월 12일 시민청이 개관하고 제1회 시민청 결혼식을 진행함으로써 관 주도의 일방적인 행정에서 벗어나, 시민이 주체가 되는 소통 · 문화 광장의 역사가 시작되었다.

'주민참여예산제'는 주민들의 적극적인 시정 참여를 보장하기 위해 시작됐으며, 다른 지방자치단체를 선도할 모범적인 모델로 자리 잡았다. 이 제도의 뿌리는 2007년 2월에 개실된 예산 절감 시민참여방이다. 2012년 2월 국민신문고와 통합 운영되다가 2013년 5월 13일 서울시 '예산낭비신고센터'로 새롭게 개설됨으로써 주민참여예산제와 예산낭비신고센터의 시대가 본격적으로 열렸다.

'정책박람회'는 2012년 10월에 시작되어 시민의 정책 참여를 본격화했다. 스웨덴의 알메달렌(Almedalen) 박람회를 모델로 삼은 정책박람회는 서울시 정책을 시민들에게 보다 쉽게 알리고, 정책 아이디어를 시민들과 자유롭게 교환하는 소통의 장이다.

시민 발언대 '할 말 있어요'는 시민이라면 누구나 시정에 관련된 건의 사항이나 사회적 관심사는 물론 삶의 애환까지 자유롭게 자기 의견을 표현하는 현대판 신문고다. 특정 요일에 프리 스피치(Free Speech)를 마련하고 시민들의 발언을 청취한 뒤 시정에 반영함으로써 시민과 소통하는 참여 행정을 구현하고자 기획되었다.

'1일 시민시장'과 '명예 부시장'은 서울시와 시민 사이에서 가교 역할을 수행하는 무보수 명예직이다. '시민이 시장'이라는 박원순 시장의 시정 철학을 바탕으로 시행되었다. 1일 시민시장과 명예 부시장은 각 분야에서 열정적으로 활동하고 있는 사람을 시민이 직접 추천하여 선발하며, 이들은 서울시장과 의견을 교환하고 시민들의 의견을 수렴하며 주요 행사나 회의에 참석해 의견을 제시한다.

'시장과의 주말데이트'는 서울시장이 시정의 주요 현안에 대한 민원을 직접 듣고 해결 방안을 모색하기 위해 마련된 시민과의 소통 창구다. 시장과의 면담 내용, 홈페이지에 올라온 시민들의 제안 사항, 시민발언대 중 주요 현안 위주로 안건을 선정하며, 해당 부서의 담당 공무원도 배석해 실현 가능성과 문제점을 함께 고민한다.

또한 서울시가 소통행정 개념을 도입하면서 어떻게 열린 도시를 만드는 데 기여하는지를 알 수 있는 정책으로 정보소통광장, 응답소, 빅데이터, 라이브서울 등을 사례로 들어 설명한다. 먼저 '정보소통광장'은 서울시의 모든 것을 알려주는 소통의 아고라다. 모든 정보는 투명하게 소통되었을 때 진정한 가치가 있다. 모든 국민이 서울시에 정보 공개 청구를 할 수 있으며, 국내에 거주하거나 학술 · 연구를 위해 일시적으로 체류하는 외국인도 가능하다. 공개 대상 정보는 서울시에서 직무상 작성하거나 취득해 관리하고 있는 문서(전자문서 포함), 도면, 사진, 필름, 테이프, 슬라이드 등에 기록된 사항이다.

'응답소'는 서울시의 민원제안 통합관리 시스템이다. 그동안 서울시 홈페이지 내에 민원 및 제안 채널이 복잡하게 운영되어 혼란이 가중되었고, 접수 창구는 있었지만 처리 시스템이 갖춰지지 않아 시민들의 의견이 누락되는 사례도 발생했다. 응답소를 설치한 이후, 시민들이 체감할 수 있도록 빠르게 피드백했고, 단순 질의나 의견은 즉시 답변을 받아볼 수 있는 체계를 마련했다.

정보 분석으로 도시 문제를 해결하는 '빅데이터'도 한 예로 들 수 있다. 빅데이터란 기존의 기술로는 관리하기 힘든 대량의 데이터군을 의미한다. 행정 환경이 정보 시스템 중심에서 데이터 중심으로 급변하고, 사회적으로도 데이터의 공유와 활용에 대한 요구가 급증하는 상황에서, 서울시는 빅데이터를 활용한 선제적 과학 행정을 시작했다. 공공 데이터를 개방하고, 민간 데이터를 공유하며, 오픈 플랫폼을 구축했다.

'라이브서울'은 시민에게 유익한 정보를 이해하기 쉽게 전달하는 서울시의 소셜 방송 플랫폼이다. 이 방송은 인터넷, 모바일 웹, 앱으로 제공되며 정책 이슈 중심으로 시정을 공개해 시민들의 정책 관심도와 이해도를 높였다.

'열린 데이터 광장'은 열린 시정의 중심이다. 서울시는 공공 데이터를 개방함으로써 시민이 원하는 다양한 정보와 서비스를 직접 접하는 열린 시정을 실현하고자 했다. 또한 공공 데이터를 활용해 새로운 경제적 가치와 일자리를 만들어내려고 노력하고 있다.

'서울스마트불편신고'는 2012년 8월에 시작된 지도 기반의 생활 불편 신고 시스템이다. 지역 주민이 지역 내 각종 불편 사항을 스마트폰 앱으로 직접 신고하고 처리 결과까지 확인할 수 있다.

'천만상상오아시스'는 시민들의 꿈과 희망이 담긴 아이디어를 소중히 평가하고 생명력 있는 정책 씨앗으로 키워가기 위해 시작되었다. 시정에 반영할 제안을 시민과 함께 선정하고, 정책 아이디어로 달라진 시정 모습을 적극 공개하는 등 시민의 역할을 강화했다.

'서울브랜드위원회'는 서울시의 새 브랜드로 'I·SEOUL·U(아이 서울 유)'를 정했다. I·SEOUL·U는 '너와 나의 서울'이자 서로 공존하는 서울을 상징한다. 서울브랜드위원회는 시민참여단과 함께 서울브랜드의 가치 확산을 위한 시민참여 캠페인을 전개하고 있다.

CHAPTER 2

소통도시 서울

시민이 만들고 누리는 소통도시 서울

현장에 답이 있다, 현장시장실

어리석은 질문에 현명하게 대답한다는 뜻이 담긴 '우문현답(愚問賢答)'이라는 사자성어가 있다. 이 말을 서울시에서는 '현장에 답이 있다'라고 풀이한다. 현장시장실은 문자 그대로 지역의 주요 현안을 시민과 소통하며 해결 방안을 모색하기 위해 현장에 설치한 시장실이다. 현장에서 직접 확인해야 문제의 본질과 해답을 찾을 수 있다는 서울시의 시정 철학을 담은 정책이다.

현장시장실은 현장성, 집중성, 진정성이라는 가치를 바탕으로 주요 현안을 정밀하게 사전 검토한다. 그리고 온 · 오프라인 홍보를 단계적으로 실시하고, 신속한 점검과 피드백을 하기 위해 다음 10가지 원칙에 따라 운영된다.

첫째, 해결이 시급한 현장의 문제를 선정한다. 관련 부서 실무 회의를 통해 문제의 시급성, 중요도, 파급성을 고려해 안건을 선정한다. 둘째, 예산 및 법령 등을 꼼꼼히 사전 검토한다. 과도한 예산 소요 사업이나 법령상 문제 사업 등을 집중 논의한다. 셋째, 단계별로 전략적인 온 · 오프라인 홍보를 시행한다. 주민참여 및 성과 체감도 제고를 위한 최적의 홍보 방안을 강구한다. 넷째, 명확한 책임 주체를 설정한다. 자치구 현장시장실 및 분야별 현장시장실 총괄부서를 지정한다. 다섯째, 현장에서 제기된 문제는 실 · 본부 · 국의 협업으로 신속히 해결한다. 관련 실 · 본부 · 국이 참가한 현장 검토 회의 등을 통해 협업시스템을 구축한다. 여섯째, 주민과의 약속사업은 반드시 이행한다. 약속사업은 발표 전에 신중히 검토하고, 발표 후에는 반드시 추진한다. 일곱째, 후속 진행 상황에 대한 지속적인 피드백을 철저히 한다. 현장시장실 참여 주민과의 거버넌스를 구축해 주기적으로 주민 설명회를 개최한다. 여덟째, 후

속조치로 주민 여론을 조사해 현장시장실의 체감도를 제고한다. 아홉째, 약속사업을 주기적으로 관리한다. 후속 진행 상황에 대한 모니터링 및 성과 평가를 실시한다. 마지막으로, 현장시장실의 모든 과정을 기록한다. 준비 과정부터 진행과 후속 조치에 이르기까지 모든 과정을 영상물 등의 기록으로 남긴다.

자치구 현장시장실은 2012년 11월 은평구를 시작으로 운영되었다. 운영 목적은 자치구의 지역별 주요 현안이나 사회적 문제가 되는 시책과 관련 현장을 시장이 직접 살펴보고, 이해 관계자와 시민과 소통하며 자치구와 협력해 해결책을 모색하는 데 있다. 대체로 1박 2일에 걸쳐 자치구 주요 현안사업 현장이나 구민회관 등에서 이루어졌으며. 시장, 구청장, 시 · 자치구 실·국장, 국회의원, 시 · 구의원 등이 참석했다. 이 자리에서는 주요 현안 설명회, 현장 방문, 주요 현안 검토 회의, 청책토론회가 열렸다. 이 모든 것을 지탱하는 정신은 시민 거버넌스였다. 서울시의 거버넌스 10계명은 다음과 같다.

첫째, 시민은 공공서비스의 공동생산자다. 둘째, 정책을 입안할 때부터 거버넌스를 설계한다. 셋째, 이해관계자, 전문가 등 파트너를 발굴한다. 넷째, 거버넌스의 파트너를 신뢰한다.

다섯째, 충분한 시간을 가지고 자주 만나 소통한다. 여섯째, 참여 시민들에게 교육 기회를 제공한다. 일곱째, 거버넌스의 과정을 기록하고 공유한다. 여덟째, 거버넌스 결과는 참여자에게 피드백한다. 아홉째, 새로운 거버넌스 방식을 제도화한다. 마지막으로, 거버넌스는 그 자체로 의미가 있다.

현장시장실의 추진은 자치구와 협의해 진행되었다. 구체적으로 '구청장 방문 요청 → 일정 협의 및 주요 현안 사전 검토 → 현장시장실 운영' 순서로 이루어졌다. 2012년 11월부터 2013년 11월까지 모두 20개의 자치구별로 현장 방문이 있었다.

지역공동체 현장시장실은 자치구 단위로 운영하던 현장시장실을 발전시킨 것이다. 지역공동체가 활성화된 지역을 방문해 시민과 자치구, 그리고 관련 기관이 함께 해결 방안을 모색하는 토론의 장을 마련하기 위해 기획되었다. 일례로 신규 조성된 분양임대 혼합단지 등 공동체 형성 지역을 대상으로 지역공동체가 제안하는 각종 미해결 민원을 해결하는 식이었다. 주민들은 지역 현안을 발굴하고 홍보 · 안건 설명, 행사 진행을 했으며, 현장 방문, 청책토론회, 현장민원실을 통해 시장실을 운영했다. 2014년에는 위례지구, 마곡지구, 내곡지구 등

3개 지구에서 운영했다.

긴급한 현안이 있을 때에도 시장실을 운영했다. '서울역 7017프로젝트' 추진이 결정된 뒤 2015년에 중구, 용산구, 마포구 주민들을 대상으로 지역민원을 청취하고, 주민과 상생 협력 방안을 모색할 목적으로 현장시장실을 운영했다.

"소통도시는 소통사회며, 소통 민주주의의 또 다른 표현이다"(유창주, 2013). 서울시의 현장시장실은 소통 민주주의를 생생하게 보여주는 사례다.

시민의 목소리를 듣다, 청책토론회

'정책(政策)토론회'는 많이 들어봤겠지만 '청책(聽策)토론회'라는 말은 들어본 적이 없을 것이다. 청책토론회는 서울시에서 만든 신조어다. 청책토론회는 정책을 수립하고 시행하기 전에 시민의 의견을 듣는 민관 협치로, 기존의 관 중심적인 시정 체계를 변화시키려는 배경에서 실시되었다. 구체적으로 서울시는 일주일에 한 번씩 서울시민들이 일상에서 겪는 문제와 다양한 아이디어를 경청하는 투어를 개최했다.

청책토론회를 성공적으로 운영하기 위해 월별 사전 기획을 통해 체계적으로 관리하고, 대상과 시기에 따라 유형을 세분화하여, 답변과 처리에 대한 사후관리를 매뉴얼화했다. 또한 의제 발굴을 내실화하고 청책을 심화하는 과정도 필요했다. 서울시 실 · 국 · 본부에서 자체적으로 검토한 안건이나 소통기획회의, 슈퍼데스크 회의 등에서 논의된 주요 의제를 설정하고, 시정 운영 4개년 계획의 25대 핵심 사업의 주관부서와 협의해 추진했다. 이해관계가 복잡한 사업이나 장기과제 사업을 추진할 때는 시민들의 의견을 폭넓게 수렴해 의사 결정을 내렸다.

청책의 운영 절차를 거치면 청책토론회에서 시민제안 의견이 자연스럽게 피드백되어 청책의 실효성이 강화됐다. 시민이 제안한 의견 중에서 진행 중이거나 검토하고 있는 사항을 업데이트하고 마무리된 사업에 대해서는 시민의 제안과 의견을 분석했다. 이미 개최된 청책토론회의 발표 내용을 위주로 청책 반영 사례를 정리해 청책을 총괄적으로 관리했다. 또한 청책토론회를 개최하기 2주일 전에 주제를 사전에 안내하고 아이디어를 공모함으로써 시민들의 의견을 다양하게 수렴했다.

청책토론회의 성과를 살펴보면 2011년 11월부터 2016년

청책토론회 운영 절차

❶ 청책의제 발굴 내실화	❷ 의제안건 검토	❸ 청책개최 여부 결정	❹ 청책 토론회 실시	❺ 사후 관리
청책의제 발굴 내실화를 위한 청책 대상 사업 발굴	청책실시 필요성, 쟁점사항 등 안건 검토	청책 개최여부 판단, 일정협의 등 청책 안건 결정	추진계획 수립 시행, 행사개최	시민제안 의견처리 결과 홈페이지 게재 및 피드백
해당부서 → 시민소통 담당관	시민소통 담당관	시장실, 해당부서, 시민소통 담당관	해당부서	해당부서, 시민소통 담당관

3월까지 모두 98회의 청책토론회가 개최되었다. 2011년에 10회(1,298명), 2012년에 31회(4,215명), 2013년에 23회(2,904명), 2014년에 27회(4,140명), 2015년에 6회(950명), 2016년 2월의 1회(100명)까지, 유관 단체와 시민 등 1만 3,607명이 참여했다. 토론회 주제를 살펴보면 책 읽는 도시, 서울형 전통시장, 어린이문화정책, 서울크리에이티브랩, 몽골인을 위한 서울타운미팅, 어르신돌봄서비스, 협동조합형 공유주택, 여성NGO, G밸리 기업환경개선 등 다양한 계층과 분야를 아우른다.

2014년에 시민이 제안한 아이디어를 정책에 반영한 대표적 사례는 '초미세먼지 줄이기'로 서울시 기후대기과에서 초미세먼지 20% 줄이기 계획을 수립하고 추진했다. 미세먼지 발생의 주요 요인인 교통 분야부터 생활 주변의 오염원까지 여러 영역에 걸쳐 저감 사업을 추진하고, 특히 초미세먼지의 주요 요인인 질소 배출량을 2018년까지 절반으로 감축하기로 했다. 전기차 보급, 공해차량 지역제한(LEZ) 등 자동차 배출가스를 원천적으로 줄이는 정책과 더불어 친환경 보일러 보급과 찜질방 관리 등 생활 저변에까지 오염원 관리를 확대하고, 자동차와 보일러 같은 연소시설의 질소산화물 배출량을 연간 7만 톤에서 3.5만 톤으로 감축하는 등의 내용이었다.

이 밖에도 시민의 다양한 아이디어들이 정책에 반영되었다. 치매 관리 사업 발전방안(어르신복지과)이 치매요양 종합대책 수립 및 추진으로, 베이비부머 정책(어르신복지과)이 인생이모작사업의 지속적인 운영으로, 어르신돌봄서비스(어르신복지과)가 돌봄종사자 처우 개선으로, 동물복지계획(동물보호과)이 서울시 동물복지위원회 활동 강화로, 원전하나줄이기(환경정책과)가 에너지 살림도시 서울 종합계획 수립으로 추진되었다.

청책토론회의 성과와 관련해 2014년 하반기 청책토론회 참여자 162명을 대상으로 2015년 1월 조사한 결과, 청책토론회 참여자의 91.4%(매우 만족 27.8%, 약간 만족 63.6%)가 만족한다고 응답했다. 그 이유는 "내게 도움이 될 만한 의견을 들을 수 있었다"(49.3%), "서울시정에 내가 참여해 조금이라도 변화시킬 수 있다는 점이 좋았다"(34.5%), "나의 의견을 말할 기회가 주어졌다"(8.1%) 순으로 나타났다. 그리고 청책토론회가 시민 소통에 도움된다는 의견(94.4%)이 도움이 되지 않는다는 의견(5.6%)보다 월등히 높았으며, 청책토론회 의견의 서울시정 반영 정도에 대해서도 반영된다는 의견(71.6%)이 반영되지 않는다는 의견(23.5%)보다 상당히 높았다.

청책토론회의 주요 성과는 무엇보다 시민이 시장이라는 시정 철학을 반영했다는 점에 있다. 또한 격식에서 벗어나 시민과의 협치와 숙의 과정을 중시한 대표적인 소통 채널로 자리매김했다는 점도 높이 평가해야 할 것이다.

시민이 주인인 생활마당, 시민청

그동안 공공청사는 사무적이고 권위적인 공간으로 시민 참여나 소통과는 거리가 멀게 인식되었다. 그러나 매체와 소통의 방식이 다양해짐에 따라 시정운영에 대한 시민 참여 욕구가 높아졌고, 관 주도의 행정에서 벗어나 시민이 주체가 되는 소통 · 문화 광장을 조성할 필요가 있었다. 그래서 전문가와 시민들의 의견 수렴을 통해 서울시는 당초의 '홍보관(시티갤러리)' 조성 계획을 변경해서, 시민의 의견을 경청하고 시민 스스로를 표현할 수 있는 시민생활 마당인 '시민청(市民聽, http://seoulcitizenshall.kr)'을 만들었다.

시민청의 공간 구성을 보자. 지하 1층은 시민이 참여하는 비움과 유연성의 공간으로 꾸몄다. 사회적기업, 청년창업센터와 같은 사회배려 기업의 제품을 전시하고 판매하는 다누리, 공정무역가게 지구마을, 신청사 건축 과정에서 발견된 유구나 유물을 전시하는 군기시 유적 전시실, 서울과 관련된 소리를 들려주는 공간 소리갤러리, 서울책방 등을 마련했다.

지하 2층은 심화 프로그램 공간이다. 구 청사의 태평홀을 재현하여 시정의 역사를 느낄 수 있도록 연출한 태평홀부터 시민플라자, 이벤트홀, 미니 콘서트룸 바스락홀, 워크숍 룸, 동그라미방 등으로 구성되었다. 주요 프로그램으로 토요일은 청이 좋아, 한마음 살림장, 바스락 콘서트, 누구나 예술가, 시티갤러리 기획전시, 소리갤러리 기획전시담벼락 미디어, 시민청 결혼식, 삶과 동행 캠페인, 시민청 소통 축제 등이 있다.

이 가운데 시민청 결혼식은 특히 의미가 있었다. 허례허식을 없애고 합리적이고 개성적인 결혼식 문화를 확산하기 위해 만든 시민청 결혼식 프로그램을 통해 매주 1회 결혼식이 거행됐다. 2015년 11월 15일에는 시민청 결혼식 100쌍 탄생을 기념해 '100쌍의 작고 뜻깊은 시민청 결혼이야기'를 개최했다. 시민청에서 결혼한 사람들의 후기를 일부 소개하면 다음과 같다.

삼포세대라 불리는 20대인데, 시민청 결혼식 덕분에 연애, 결혼, 출산을 모두 이룰 수 있었고, 인생의 터닝 포인트를 시민청과 함께할 수 있어 좋았다." - 신민경, 박성준 부부

"작은 결혼식을 하고 싶은 마음은 계속 있었는데, 구체적인 방법을 몰랐다. 다행히 시민청 예비 부부교육 덕분에 작은 결혼식에 대해 알게 되었고, 시민청에서 결혼식을 하루 종일 하면서 오랜만에 만난 친척들과 얘기도 하고 진짜 축제 같은 느낌이 들었다." - 임은영, 조지형 부부

"시민청 결혼식을 하면서 하객들과 함께 성혼선언문을 읽었다. 그 덕분에 결혼생활에 대한 책임감을 더욱 갖게 되었고, 싸울 일이 생길 때에도 결혼식을 생각하면 견딜 힘이 생긴다." - 이승미, 이정석 부부

시민청 결혼식은 시민청(태평홀)뿐만 아니라 서울연구원 뒤뜰을 활용해 계속 진행되었다. 서울시는 시민청의 예비 부부교육 및 서울가족학교 프로그램을 통해 작은 결혼식 사례를 공유하고, 사회적기업 · 협동조합 등 시민청 결혼식의 협력업체를 공모해 개성 있고 합리적인 예식을 지원했다. 그리고 결혼문화 개선 캠페인과 전시 등의 문화 홍보활동을 추진했으며, 작은 결혼식 사업을 추진하는 다른 지자체(광주광역시, 순천시, 노원구 등)와 자료를 공유하며 노하우를 전수했다. 부산광역시는 서울 시민청의 결혼식을 벤치마킹해 검소한 혼례문화 확산을 위한 사업을 추진했다.

2013년 1월 개관 이후 2016년 1월 말까지 서울 시민청의 누적 방문객은 520만 3,076명(일평균 5,203명)이었고, 공간 대관율은 82%였다. 2015년 4월 6일, 월요일 휴관제도가 없어지면서 시민청은 상시 개방되어 시민들이 보다 편리하게 이용할 수 있게 되었다.

시민에 의한, 시민을 위한 주민참여예산제

서울시의 주민참여예산제는 주민들의 적극적인 시정 참여를 보장하기 위한 제도다(http://yesan.seoul.go.kr). 전국에서 가장 늦게 시작했지만 다른 지자체를 선도할 모범적인 모델로 자리 잡았다. 주민참여예산제는 많은 변화가 있었다. 보다 많은 시민의 참여를 보장하고, 합리적인 방법으로 사업을 선정하기 위해 전문가, 시민단체, 서울시 공무원들이 노력을 기울였다. 특히 2014년 7월에 열린 한마당 총회는 참여예산위원 외에도 시민참여단 2,500명이 최종 사업선정을 위한 투표에 참여해 주민참여예산제의 대표성을 한 단계 발전시켰다.

예를 들어 2014년 주민들에 의해 제안된 사업은 총 1,533건(7,560억 원)인데, 그중에서 서울시 주민참여예산위원회의 심의, 한마당 총회, 시의회 등을 거쳐 352개 사업(500억 원)이 최종 선정되었다. 그 결과 2015년에는 고압 감전사고의 위험이 없는 '안전 보행로 조성 사업'과 '낡은 육교 개선 사업', '쓰레기 무단투기로 인한 악취 해결 사업' 등 시민의 삶에 실질적인 변화와 행복을 가져오는 사업들이 속속 추진되었다. 또한 2015년에는 참여예산위원회에 시민 제안 3,593건(4,652억 원)이 접수되었다. 시 전체의 공통사업은 2,740건(4,015억 원)이었으며 권역별 심사소위에서 8개 권역으로 나눠 분과별 조별 현장을 확인하고 분과위원회의 심사와 총회 상정한 이후 실 · 본부 · 국에서 적격으로 검토한 사업은 총 1,337건(1,739억 원)이었다. 구 지역회의의 시민 제안은 853건(637억 원)이었는데, 그중 구 지역회의와 총회의 상정 과정을 거쳐 386개 사업(186억 원)을 선정했다.

주민참여예산제는 해를 거듭할수록 미흡한 부분이 개선되

었다. 민원 제기 사항이 내용상 부실하다는 평가가 있었지만, 시민단체와 신고 내용을 숙성시키는 등 협업을 통해 이를 보완했다. 그리고 시행 초기에는 예산낭비 신고 담당 부서에서 단독으로 타당성을 검토하고 답변하다가, 외부 전문가와 시민단체 회원을 자문위원으로 위촉해 전문성과 투명성을 제고했다. 뿐만 아니라 포상 주기가 길고 지급 기준이 공무원과 같아 성과금 지급이 어려웠던 체계를 개선해 지급 주기를 단축하고 시민 성과금에 대한 평가 기준을 별도로 마련했다.

또한 예산 처리나 조치 사항에 대해 시민의 만족도가 떨어졌을 때의 대응책도 마련했다. 사후에 해당 신고 사안에 대해 자문위원이 재검토하고, 예산낭비 신고 검토 및 처리에 대한 불만족 대응 관리 체계를 구축한 것이다. 결과적으로 주민참여예산제는 예산과의 행정 업무 내용을 놀라운 수준으로 발전시켰다. 지원협의회의 안목이나 운영위원회의 적극적인 활동도 기대 이상이었다.

시민의 생각이 곧 정책이 된다, 정책박람회

스웨덴의 유명 휴양지 알메달렌에서는 해마다 정치축제가 열린다. 다양한 주제와 이슈를 중심으로 누구나 자신의 의견을 밝히고 토론하는 이 기간을 '알메달렌 주간'이라고 한다. 소수의 의견도 똑같이 존중받으며, 전 계층이 격의 없이 소통하는 이 축제를 통해 스웨덴 국민은 소통과 합의의 기술을 키워간다.

'함께서울 정책박람회'는 알메달렌을 모델로 삼되 서울시에 알맞게 현지화한 정책 엑스포이자 열린 소통의 축제다. 2012년 10월에 처음 시작되어 서울시의 정책을 시민들에게 쉽게 알리는 한편, 시민들이 정책 아이디어를 자유롭게 교환하며 정책에 참여할 수 있게 하였다. 총 2만 6,000여 명의 시민이 방문해 정책 제안 268건의 정책을 제안했고, 그중 44건이 반영되었다.

시민 참여 기획이 돋보였던 제2회 행사에서는 정책 소통 행사가 정례화됐으며, 시민참여 한마당이 확대됐다. 이와 더불어 지역현안 토론회, 시의회와 청년 간 토론회 같은 시민-정책 논의의 장이 열렸다. 또한 시민 아이디어가 발굴되고 시민단체의 홍보가 이루어진 총 3만 1,000여 명의 시민이 방문하고 제안된 정책 302건 중 이 행사에는 7건이 정책에 반영되었다.

2014년 정책박람회에서는 시민 제안의 통로가 확대되고 시민 의제가 늘어났다. 3만 5,000여 명의 시민이 방문했으며, 제안된 정책 420건 중에서 17건이 정책에 반영되었다. 육아, 교통, 복지 등 시민이 중심이 되어 미시적인 생활 의제를 발굴했으며 정책나들이, 시민참여 발자취, 정책영상 36.5℃를 비롯해 자치구별 지역 공간을 확대했다. 또한 시민의 아이디어를 발굴하고 숙성시켜 시민참여를 유도한 대표적인 프로그램으로 시민시장실과 정말대학생을 신설했다.

2015년 정책박람회는 천만 시민이 참여하는 만남의 장, 시정 이슈에 대한 뜨거운 토론의 장, 수다로 풀어내는 재미가 있는 놀이의 장으로 구성되었다. 동명이인의 시의원이 다른 시각으로 서울시정을 분석하는 '김용석 대 김용석' 토론회도 있었다. 정책을 만드는 사람들의 네트워크 파티에는 박원순 시장이 참석하여 정책 전문가들과 서울시 정책에 대한 이야기를 나누기도 했다. 굵직한 토론회도 곳곳에서 개최됐다.

그중 서울시장과 실국별 공무원이 시민과 만나는 '서울광장은 시장실'과, 시민들이 직접 서울시장이 되는 '시민시장실'이 주목받았다. 서울광장은 시장실이 시청의 문턱을 낮춘 민 · 관의 만남이라면, 시민시장실은 공원, 동네 카페, 마을센터 같은 곳에서 이루어지는 시민들 간의 생활 의제 토론장이었다. 행사 둘째 날에는 박원순 서울시장과 남경필 경기도지사의 토크 콘서트 '여러분, 행복하십니까'가 TBS 라디오 〈퇴근길 이철희입니다〉를 통해 생방송으로 진행되어 큰 화제를 모았다. 서울시민과 경기도민의 삶을 이야기하면서 정치 노선과 행정적 경계를 넘어 함께 생각하는 자리가 되었다.

2016년 정책박람회는 누구나 일상에서 정책 주체로 참여할 수 있도록 박람회를 확대하고 상설화하며 시민제안 제도를 집대성하는 자리로 기획되었다. 박원순 시장이 광장에 상주함으로써 서울광장은 시장실이 되었고, 문턱 없는 행정이 구현되었다. 또한 시민이 주체가 되는 집단지성 플랫폼으로 재도약했으며 시민기자단, 정책퀴즈게임, 지자체장 토크콘서트 같은 프로그램에 많은 시민이 참여했다.

수년간 성공적으로 개최된 서울시 정책박람회는 시민들이 일상생활과 가장 맞닿은 지점의 정책들을 제안하고, 서울의 행복을 함께 만들어왔다. 정책박람회에서 시민은 정책 과정에 자연스럽게 참여하는 기회를 제공받았고, 공무원과 전문가는 직접 시민의 아이디어를 청취하고 논의해, 결과적으로 주요 정책에 대한 인지도를 제고하고 다양한 의견을 수렴할 수 있었다. 이로써 정책박람회는 서울의 다양한 정책에 대해 서울시민, 시민단체, 산하기관과 자치구 등 다양한 주체들이 함께 모여 토론하고 정책을 평가하는 열린 소통의 교차로로 거듭날 수 있었다.

할 말 있어요!
시민발언대

"터놓고, 맘 놓고 말해봅시다." 시민발언대 '할 말 있어요'는 시민 누구나 시정에 관련한 건의 사항이나 사회적 관심사는 물론 삶의 애환까지 자유롭게 의견을 표현할 기회를 제공하자는 취지로 시작되었다. 일정한 요일에 프리 스피치 코너를 설치해 시민들에게 자유롭게 발언의 기회를 제공하고, 그 의견을 시정에 반영함으로써 시민과 소통하는 참여 시정을 구현하고자 했다. 시민발언대는 하소연할 곳 없는 시민들에게 현대판 신문고 역할을 했다.

프리 스피치를 운영한 해외 사례로는 영국 런던의 하이드 파크에 1872년부터 마련된 발언자 코너(Speakers' Corner)를 들 수 있다. 매주 토요일과 일요일에 왕실에 관한 사항을 제외한 모든 것을 누구나 자유롭게 발언할 수 있었다. 캐나다, 네덜란드, 싱가포르, 노르웨이 등의 나라에서도 유사한 사례들이 있다.

서울시의 시민발언대는 다양한 분야의 시민 의견을 공유할 수 있는 소통 환경을 마련하고, IT 환경에 친숙하지 않은 소외계층에게도 자유로운 발언 기회를 제공함으로써 열린 소통의 시정을 구현하기 위해서 기획되었다. 초기 시범운영을 거쳐 2012년 4월 7일부터 11월 29일까지 매주 토요일에 상설 운영되었고, 이후 '찾아가는 시민발언대'로 운영되었다.

시민발언대에서는 법이 허용하는 범위에서 누구나 자신의 의견을 피력할 수 있으며, 의견의 다양성을 존중받을 수 있는 동등한 기회가 제공된다. 다만 타인에 대한 비방, 욕설, 유언비어 등 공공질서에 위배되는 발언을 할 수 없다. 또한 집회나 모임의 용도로 사용할 수 없으며 발언 내용은 모두 동시 녹음 및 녹화되어 서울시 정책 운영에 활용된다.

매월 1회씩은 '내가 만일 시장이라면' 같은 '주제가 있는 시민발언대'를 운영했다. 이때 시민전문가와 관련 공무원 등 5명 내외로 구성된 운영위원회에서 '주제가 있는 발언대'의 주제를 선정하고, 시민 의견에 대한 활용 방안을 논의했다. 특히 시민들의 의견이나 발언 내용을 정책형과 단순형으로 분류해서 정책에 반영되도록 노력했다. 정책형은 시민의 의견을 정리해 동영상과 함께 해당 부서로 이관했으며, 해당 부서에서는 관련 사업을 추진할 때 시민들의 의견을 검토하고 반영하여 추진했다. 단순형은 시민들의 목소리에 담긴 애환을 서울시민이 공감할 수 있는 '시민의 이야기'로 종합하는 방안을 마련했다. 유용한 의견을 제안한 시민은 분야별 인력풀로 관리하고, 시민 생활과 밀접한 사업을 추진할 때 자문위원 등으로 참여할 기회를 제공했다. 시민들이 원할 경우, 1일 시민시장으로 활동할 기회를 제공했다.

또한 시민발언대의 주요 발언 중 사회적 공감도가 높은 발언을 다음(현재 카카오)의 아고라 서울광장에 토론 주제로 게시해 우수 의견과 아이디어를 시정에 반영했다. 주제가 있는 시민발언대는 2014년 2월 말부터 계속되었는데 매월 1회 다음의 아고라 서울광장에 토론 주제를 게시했다. 정치적 이슈에 민감한 민원이거나 일부 사람만 관심 있는 주제는 지양하고, 많은 사람들이 참여하고 공감할 수 있는 주제로 선정했다. '서울 지하철 불편사항 어떻게 개선할까?', '길거리에 휴지통은 있어야 할까, 없어야 할까?', '2014년 청년 일자리 정책 함께 만들려면?' 같은 주제들이었다.

2015년에는 찾아가는 시민발언대가 청계광장, 대학로 마로니에공원, 한강 뚝섬수영장, 여의도 이벤트광장, 신촌 연세로 스타광장, 서울광장(정책박람회), 광화문광장(하이서울페스티벌), 마포 하늘공원(억새풀 축제현장), 남산 팔각정, 서울역광장 등에서 십여 차례 운영되었다.

시민청의 시민발언대는 다른 지자체로 소문이 퍼져나갔다. 그 결과 나주시, 순천시, 대전시, 천안시, 제주시, 부산광역시 등 많은 도시에서 벤치마킹해 현지에 알맞게 활용되었다. 2015년 상반기에는 메르스 여파에도 불구하고 상시 운영되었고, 참여 인원 또한 증가했다. 이런 성과에서 알 수 있듯 시민발언대는 서울시의 적극적인 소통의 결과였다.

시민의 목소리를 대변하는, 1일 시민시장

서울시는 현장의 생생한 목소리를 수렴하고 시정에 반영하기 위해 '명예 부시장' 제도를 도입해 운영하고 있다. 명예 부시장은 서울시와 서울시민 사이에서 소통의 가교 역할을 수행한다. "시민이 시장이다"라는 박원순 시장의 시정 철학을 바탕으로 사회 각 분야에서 열정적인 활동을 펼치고 있는 사람을 시민이 직접 추천하여 선발한다.

명예 부시장은 회의 및 온라인을 통해 서울시장과 의견을 교환하고, 시민들의 의견을 수렴하는 동시에 시정 관련 행사나 간담회 및 회의에 참석해 의견을 제시한다. 명예 부시장은 1년 연임이 가능한 1년 임기의 무보수 명예직으로 어르신, 장애인, 전통상인, 여성, 외국인, 중소기업, 문화예술, 청년, 관광인, 환경인, 도시안전인, 청소년 등 12개 분야에서 시민과 부서의 추천을 받아 선발심사위원회에서 선정한다.

1일 시민시장은 시민이 주인인 시정 활동 현장에서 서울시장과 동행해 시정 체험을 한다는 데 의미가 있다. 서울시 1호 1일 시민시장은 제35대 서울특별시장 취임식에 참여한 시민 중에서 추천되었다. 임은선(강서구 가양동 8년 거주) 씨는 온라인 취임식 축하인사 참여자 중 적극적인 참여 의사를 표명한 시민이었다. 원래 시정에 관심이 없던 임은선 씨는 박원순 시장의 열정에 감동해 트위터를 시작했고, 참여 시민으로 성장했다는 점에 높은 점수를 받아, 1일 시민시장으로 추천되었다. 2011년 11월에 1일 시민시장 활동이 처음으로 시작된 이후, 서울청소년상 대상 수상 예비대학생, 파워블로거 중학생, 시민발언대 최다 발언 어르신, 환경운동을 펼치는 대학생, 주민참여예산제 참여 시민 등 다양한 분야의 시민이 시민시장으로 선발되어 시정 체험을 했다.

1일 시민시장은 한 개 이상의 참여 과제를 제출한 신청자에 한해 신청 사연과 신청자의 지역별 · 성별 · 연령층을 고려해 균형 있게 선정한다. 참여 과제는 다음 3가지다. 첫째는 '당신의 서울 사랑을 보여주세요!'로 서울시청, 서울시민청, 서울도서관의 인증샷을 올리는 것이다. 둘째는 '서울시와 함께하신 일을 알려 주세요!'로 서울톡톡시민리포터, 어르신정책모니터링단, 에코마일리지 참여 등 서울시와 함께한 경험을 알리는 것이다. 셋째는 '우리 동네 숨은 명소 소문내기!'이며, 혼자 알고 있기 아까운 우리 동네 명소 사진이나 이야기를 알리면 된다.

1일 시민시장으로 선정된 시민은 집무실에서 상징적인 '시민의 의자'에 앉아 서울시장과 업무를 추진하고, 결재가 필요한 사업을 함께 검토하고 시민시장 결재란에 결재를 한다. 또한 시정 현장에 시장과 동행해 실시간으로 시민과 소통할 뿐만 아니라, 1일 시민시장의 개인 트위터나 서울시장 트위터를 통해서도 소통한다.

그동안 주요 현안이 발생했을 때 수시로 운영되어온 1일 시민시장은 "시민이 시장이다"라는 시정철학을 실천하고 시민들의 시정 참여 기회를 늘리는 동시에 서울시의 문턱을 더욱 낮추는 소통의 좋은 사례다.

열린 소통의 본보기, 시장과의 주말데이트

시장과의 주말데이트는 박원순 서울시장이 시정의 주요 현안에 대한 민원을 직접 듣고 해결 방안을 함께 모색하기 위해 마련한 시민과의 직접 소통 창구다. 박원순 시장은 2012년 4월 28일 제1회 '시장과의 주말데이트'에서 6건의 민원과 관련된 10명의 시민들을 만났다. 이후 거의 매달 마지막 주 토요일에 '시장과의 주말데이트'가 진행되었다.

시장과의 주말데이트의 안건은 홈페이지에 올라온 시민의

제안사항, 시민발언대 중 주요 현안을 중심으로 선정한다. 박원순 시장은 먼저 시민들의 민원을 경청하고, 의견을 나눈다. 그 자리에는 해당 부서의 담당 공무원도 배석해 실현 가능성과 문제점 등을 함께 고민하며 필요 시 전문가와 법률적인 부분까지도 꼼꼼하게 살핀 후 결과를 알려준다. 시장과의 주말데이트 내용은 TBS TV의 〈포커스〉 프로그램을 통해서도 볼 수 있다.

시장과의 주말데이트에서는 언제나 깜짝 제안이 나왔다. 예를 들어 한 자매가 제안한 '독거노인 홈스테이'라는 아이디어를 보자. 이들은 "혼자 사는 할머니, 할아버지들이 외국인 관광객들에게 홈스테이를 제공하면 외로움을 덜 수 있을 뿐 아니라 일자리 마련 효과도 생길 것"이라고 건의했다. 또한 중국인과 일본인 관광객이 많아지면서 숙소 부족 문제가 발생한 것을 지적하며 "외국인의 홈스테이가 노인들의 적적한 생활에 활력소가 되고 외국인 입장에서는 한국인들의 실생활을 함께 경험해보는 기회가 될 것"이라고 말했다. 박원순 시장은 이날 참석한 서울시 관광분야 담당자들에게 "일단 100명이라도 추진해 문제를 해결하고 도입을 확대해야 한다"라고 당부했다. 또한 "이런 만남이야말로 토크빌(Alexis de Tocqueville)

이 말했던 풀뿌리 민주주의로 주민들 스스로 실생활에서 겪는 문제를 제기하고 그 해결 과정에까지 참여하는 것이 중요하다"라고 말했다.

지금까지 시장과의 주말데이트에서 논의된 사항들은 다음과 같다. 축산 농가를 위한 한우직거래 장터 설치, 우면산터널 통과 버스노선 증설, 자살시도자(유가족 포함) 쉼터 운영지원, 방사능 측정이 가능한 시민측정소 설치, 서울역 버스환승센터 장애인 편의시설 설치, 응봉교 건설공기 지연에 따른 대책 마련, 인왕산 아래 쌈지공원 이용 편의성 제고, 제기4구역 상가 세입자 생존권 보호 요청, 장난감 등 아이들 용품 기증센터 운영제안, 청계천 삼일아파트 상가세입자 노점 허용 등이다. 또한 중소기업 공동화 사업장 입점상인 지원, 양천구 지하차도 공사 관련 피해 대책 요청, 농눌학대 방지를 위한 노력 강구 요청, 은평한옥마을 한옥 신축지원금 요청, 교대 · 사범대생을 놀이터 어린이 플레이코치로 파견 제안, 책 읽는 도시 프로젝트, 저상버스 휠체어 체어록 개선, 지하철역에 남산행 순환버스 정류장 표시, 포이동 재건마을 개발 반대 등이다.

시장과의 주말데이트는 2012년 시작된 이후 지금까지 숱한 화제를 낳으며 열린 소통의 본보기로 자리매김하고 있다.

CHAPTER 3

소통도시 서울

투명하게,
편리하게!
열린 도시 서울

서울시의 모든 것을 알려주는, 정보소통광장

민수사회에서 정보는 투명하게 소통되었을 때 진정한 가치가 있다. 투명성을 높이기 위해서는 사회적 비용이 많이 들지만 투명하지 못해 벌어진 일 때문에 치러야 하는 국가 비용을 고려하면 결과적으로 훨씬 경제적이다. 정보 공개란 국가기관, 지방자치단체, 정부투자기관, 그 밖의 공공기관이 관리하고 있는 정보를 국민의 청구에 의해 공개하거나 중요 정보를 사전에 국민에게 제공함으로써, 국민의 알권리를 보장하고 더 많은 정보를 바탕으로 정책에 시민의 참여와 투명성을 확보하기 위한 제도다.

공개 대상 정보는 공공기관이 직무상 작성하거나 취득해 관리하고 있는 문서(전자문서 포함) · 도면 · 사진 · 필름 · 테이프 · 슬라이드 및 이에 준하는 매체 등에 기록된 사항이다. 적용 대상은 국가기관, 지방자치단체, 공공기관의 운영에 관한 법률 제2조에 따른 공공기관, 각급 학교, 지방공사 및 지방공단, 출자 · 출연기관, 국가기관 또는 지방자치단체로부터 5,000만 원 이상의 보조를 받는 기관이다(시행령 제2조).

시행 초기 서울시 공무원들은 정보 공개에 대한 거부감이 있었다. 문서 비공개율이 2011년 기준 27.4%였으며, 정보 공개는 형식적인 수준이었다. 그런데 2011년 말부터 서울시가 달라졌다. 진정한 열린 시정을 위한 준비를 시작한 것이다.

박원순 시장이 취임한 이후 서울시는 '개방, 공유, 소통'이라는 '열린 시정 2.0' 비전을 제시하면서 세계 최고의 투명한 도시를 만들기 위한 기반 작업을 시작했다. 수많은 행정 정보를 이용한 다양한 콘텐츠 산업 육성을 염두에 둔 것이다. 시민의 자산인 공공 데이터로 시민들 스스로 지역공동체 문제를 해결하게 되면 시민 역량도 강화된다는 점 또한 열린 시정을 추진하는 이유 중 하나였다.

무엇보다 열린 시정 2.0은 세계적 흐름이다. 미국은 지난 2009년 '투명하고 열린 정부' 국정운영 방침을 발표하고 데이터통합저장소(Data, gov)와 원 자료(Raw Data)를 공개하고 있다. 영국도 2010년 7,000여 개 공공정보를 민간에 개방했다. 호주는 2011년 범정부 정보 공개 기본정책을 수립하고 전담 기관을 설치하는 등 정보 공개에 대한 발 빠른 행보를 이어가고 있다.

서울시는 모든 행정 정보를 시민에게 적극적으로 개방하고 공유하겠다는 의지를 담아 2012년 8월 23일, '열린 시정 2.0, 5가지 약속'을 발표했다. 5가지 약속은 행정 정보의 공개를 넘어 시민과의 공유, 사각지대 없는 열린 시정의 실현, 가치 높은 공공 데이터의 개방, 기록 정보의 소통체계 혁신, 열린 시정 2.0을 시민과 함께 추진하는 것이다.

서울시는 행정 정보의 개방과 공유를 통해 모든 시민이 자유롭게 시정에 참여할 때, 시민이 서울의 진정한 주인이 될 수 있다는 취지의 선언문을 발표했다. 또한 이와 같은 정신을 담은 '알권리 10대 원칙'을 선언하였는데, 주요 내용은 다음과 같다.

"시민의 '알권리'는 시민의 '살 권리'이며, 서울시에서 생산 · 관리하는 모든 정보는 시민의 재산이다. 따라서 서울시는 법령에서 규정한 비공개 대상 정보를 제외한 모든 정보를 공개하며, 정보를 비공개할 경우에는 비공개 사유와 공개 시점을 구체적으로 설명해야 한다. 이에 공무원(시 산하 출연기관 및 공사 임직원 포함)은 시민의 정보 공개 요구에 목적과 상관없이 성실히 응할 의무를 진다."

서울시는 이를 적극적으로 추진하기 위해 2012년 9월에 전국 최초로 기록 관리와 정보 공개 업무를 전담하는 정보 공개 정책과를 신설했다. 그리고 '열린 시정 2.0' 비전을 구체화하여 2013년 10월, 정보소통광장 사업을 완성하였다. 정보소통광장(http://opengov.seoul.go.kr)은 이전과는 전혀 다른 새로운 정보공개 서비스다. 공개할 정보를 내부 직원이 선별하여 직접 올리는 방식에서 벗어나, 내부에서 생산된 행정 정보가 자동으로 인터넷에 공개되도록 처리하는 시스템이다. 정보소통광장에서는 법령에서 정한 비공개 사항을 제외한 모든 행정 정보를 공개하고, 세계 최초로 행정 정보의 자동공개 프로세스를 구현해 결재문서의 원문을 결재 다음 날 공개한다. 그리고 누구나 어디서든 편리하게 정보 공개 서비스를 이용할 수 있도록 행정 정보 공유 및 소통 기능을 적용하였다. 이러한 행정 정보 적극 공개 시스템은 공공기관에 대한 파놉티콘(Panopticon) 체계를 완성했다는 평가를 받았다. 서울시는 정보소통광장을 통해 총 690만여 건의 행정 정보를 공개했는데, 청구에 따른 공개율도 2010년 88.6%에서 2014년 96.2%로 높아졌다.

정보소통광장은 정보 공개 패러다임의 새 지평을 열었다. 세계에서도 유례를 찾아볼 수 없는 혁신적 패러다임을 수립하고 체계화된 원문 공개를 최초로 시도했다. 단순히 원문 공개만을 제공하는 차원을 넘어서 정보 공개를 통한 시민소통형 플랫폼으로 시민들에게 더 가까이 다가갔다. 특히 '문의하기' 기능의 경우 시민이 행정 정보를 보면서 문의 · 의견 · 제안 사항을 글로 남기면 담당 공무원이 답변하고 검토 후 정책 반영으로 이어질 수 있는 선순환 과정을 구현했다.

유용한 정보 공개 홈페이지를 제시하면 다음과 같다.

- **서울시 건설알림이** http://cis.seoul.go.kr 건설정보 소개
- **서울 열린 데이터 광장** http://data.seoul.go.kr 공공 데이터 제공
- **서울문화 포털** http://culture.seoul.go.kr 문화 행사, 문화 정보 소개
- **서울토피스** http://topis.seoul.go.kr 교통정보 서비스

- **보육포털 서비스** http://iseoul.seoul.go.kr 서울시 어린이집 정보
- **서울두드림길** http://gil.seoul.go.kr 둘레길 등 서울 길 소개
- **서울도시계획 포털** http://urban.seoul.go.kr 도시계획 소개
- **서울통계** http://stat.seoul.go.kr 서울의 주요통계 및 분석
- **법무행정서비스** http://legal.seoul.go.kr 서울시 조례 · 규칙 제공
- **서울부동산 정보광장** http://land.seoul.go.k 부동산 종합 정보 제공
- **도로명주소 안내시스템** http://address.seoul.go.kr 도로명 주소 제공
- **서울의 산과 공원** http://parks.seoul.go.kr 공원 및 이용 안내
- **물가정보** http://mulga.seoul.go.kr 주요물가, 시장 정보
- **서울포토 · 영상** http://wow.seoul.go.kr 포토, 웹툰, 영상
- **서울시 식품안전정보** http://fsi.seoul.go.kr 식품정책, 위해감시 정보
- **재활용 나눔장터** http://fleamarket.seoul.go.kr 자원순환, 재활용 정보
- **서울시 참여예산** http://yesan.seoul.go.kr 주민참여예산제 소개

서울시 정보 공개정책은 대한민국 정부3.0의 우수사례로 선정돼 많은 공공기관에서 벤치마킹하고 있다. 정보소통광장은 '지방정부 3.0 우수 선도과제(2013년)'로 선정됐으며, '공공저작물 개방 기여 표창(문화체육관광부 장관, 2014년)' 등을 수상했다.

신속하고 정확한 민원창구, 응답소

서울시는 대한민국의 수도답게 각종 민원이 쏟아져 들어온다. 그 많은 민원을 제안하는 채널도 다양할 수밖에 없었다. 인터넷 채널만 해도 '원순씨에게 바랍니다', '민원상담신고', '천만상상오아시스', '시민불편신고', '시민제안방' 등 19개의 접수 채널이 있어 부서별로 창구를 운영했다. 모바일 채널은 'Live원순', '상상제안', '서울스마트불편신고', '서울안전지키미' 같은 4개의 제안 · 신고 앱(App)이 있었고, 이 밖에도 '다산콜센터', '서울마니아', '박원순 시장'을 비롯해 279개의 기관과 부서별로 별도의 SNS 대표 계정을 운영했다.

이처럼 다양한 민원제안 창구를 운영해 시민들의 의견을 모두 받아들이자는 취지는 좋았다. 하지만 서울시 홈페이지 내에 민원 · 제안 채널이 복잡하게 운영됨으로써 시민들의 혼란이 가중될 수밖에 없었다. 접수 창구는 있으나 처리 시스템이 갖춰지지 않아 시민들의 의견이 누락되는 사례도 발생했다. 시민의 간단한 의견에 대해서도 부서별로 담당자를 지정해서 답변함에 따라 신속하게 답변하기 어렵다는 문제점도 나타났다. 또한 민원 · 제안 사항이 시스템에 따라 개별적으로 운영되고 민원 시스템이 상호 호환되지 않아 유형에 알맞게 처리하기 어렵다는 한계도 있었다.

따라서 각종 시스템을 통합적으로 관리하고, 민원을 제기하거나 정책을 제안했을 때 원활한 피드백을 해줄 체계를 구축해야 했다. 한 건의 시민 의견도 누락되지 않도록 체계적으로 관리하는 것, 바로 이것이 서울시의 민원제안통합관리 시스템인 응답소(http://eungdapso.seoul.go.kr)를 만든 궁극적인 목적이었다.

2014년 민원처리 창구 31개를 하나로 통합해 만든 응답소는 서울시 모든 민원과 제안을 통합, 관리하는 온라인 시스템이다. 서울시민이라면 누구나 쉽고 빠르게 민원과 제안을 접수하고 확인할 수 있도록 만든 대표 창구인 것이다. 시민이 어떤 채널로 신고하더라도 민원 성격에 맞는 적정 시스템으로 처리함으로써, 시민의 소중한 의견을 종합적이고 체계적으로 관리할 뿐 아니라 시민들이 소통하고 있음을 체감할 수 있도록 하였다.

이용 방법을 살펴보면 우선 시민들은 인터넷은 물론 전화(120다산콜센터), SNS 등 다양한 방법을 통해 서울시에 궁금한 점, 바라는 점을 제시할 수 있다. 응답소는 이러한 시민들의 다양한 의견을 접수한 뒤, 가장 정확한 해결책을 제시할 수 있는 부서로 전달한다. 그러면 각 부서의 담당자들은 응답소 시스템을 통해 답변을 작성하며, 작성된 답변은 다시 응답소를 통해 전화나 이메일, 문자메시지 등의 방식으로 빠르고 정확하게 시민들에게 전달된다.

응답소에 가장 많이 들어오는 민원을 살펴보면, 지난 2015년의 경우 교통(도로)분야가 37%로 가장 많았고 주택 분야가 13%로 그 뒤를 이었다.

2015년의 응답소 접수 민원은 총 11만 5,390건(일평균 462

건)으로 전년도 대비 약 58%가 증가했고, 응답소 처리 민원은 총 11만 5,287건(일평균 461건)으로 전년도 대비 약 62% 증가했다. 응답소 민원이 전년도에 비해 크게 증가한 것은 2014년 11월부터 다산콜 접수 일반민원이 응답소로 본격 통합되었기 때문으로 분석된다. 2015년의 전체 평균 처리 기간은 2.9일로 2014년의 2.7일에 비해 0.2일 늘어났으나, 응답소 시행 이전(2013년 이전)의 평균 처리 기간과 비교했을 때는 약 하루 단축되었다(응답소 개설 이후 전체 평균 처리 기간은 2.8일).

민원이 있는 시민은 인터넷 포털사이트에서 '응답소'를 검색해 홈페이지에서 민원을 신청하거나 모바일 '응답소' 앱을 다운받아 이용하면 된다.

서울시의 '응답소'는 2015년 민원행정 개선 우수사례인 행정자치부 장관상(우수상)을 수상했으며, 다른 지자체에서 응답소와 같은 민원처리 창구를 만들기도 하는 등 좋은 성과를 보이고 있다.

정보 분석으로 도시 문제를 해결한다, 빅데이터

빅데이터란 기존의 일반적인 기술로 관리하기 곤란한 대량의 데이터군을 의미한다. 21세기 정보화 시대에 들어서면서 인간의 모든 영역에 걸쳐 데이터가 폭증했으며, 해외의 선진 도시나 중앙정부는 물론 지자체에서도 빅데이터 기반의 정책을 확대해왔다. 서울시 역시 빅데이터를 활용한 행정 혁신을 시정의 핵심 사업으로 선정해 시민의 삶에 도움이 되는 데이터 과학의 행정을 추진했다.

단지 공공 데이터가 많아졌다는 것만으로는 시민들이 체감하는 가치 있는 서비스를 만드는 데 한계가 있다. 그래서 공공 데이터 개방이 효과를 얻고 그 가치를 증명하기 위해서 공공과 민간이 데이터를 개방하고 공유하는 오픈 플랫폼을 구축해야 했다. 또한 다양한 서울의 도시 문제를 해결해 서비스 수준을 높이고자 하는 과학적 정책 지원의 수요가 증가함에 따라, 분석 결과를 다양하게 활용하는 정책을 확대할 필요가 있었다.

빅데이터 분석 결과를 바탕으로 정책을 추진하면 과학 행정의 효과가 극대화된다. 예를 들어, 우리마을가게 상권 분석 서비스는 자영업 위기를 개선하기 위해 빅데이터를 기반으로 추진되었다. 창업을 하기 전에는 많은 준비 과정이 필요하다. 그러나 개인이 유동 인구나 추정 상주 인구와 소득 수준에 대한 정보를 수집하여 상권을 분석하기는 쉽지 않다. 그러한 문제를 해결하기 위해 2014년 12월 서울시는 빅데이터를 기반으로 서울형 골목상권을 분석하는 서비스를 구축하기 시작했다. 생활밀착형 43개 업종을 추출해 가게 상권에 대한 데이터를 구축하고, 2015년 12월에 우리마을가게 상권 분석 서비스를 본격적으로 개시했다. 시민 서비스(http://golmok.seoul.

go.kr), 전문가 서비스(http://golmokxpert.seoul.go.kr), 정책 활용 서비스(http://golmokpolicy.seoul.go.kr)가 그것이다. 우리마을 가게 상권 분석 서비스에 대해 시민들은 "유동 인구, 매출 정보, 거래 건수 같은 정보를 간편하게 조회할 수 있다"라며 긍정적인 반응을 보였다.

빅데이터 캠퍼스(https://bigdata.seoul.go.kr)도 추진되었다. 빅데이터 캠퍼스란 근거 있는 데이터 축적을 분석하여 우리 생활을 바꾸는 빅데이터 정보를 활용할 수 있는 온 · 오프라인 공간이다. 서울시 빅데이터 캠퍼스는 데이터를 기반으로 민 · 관 · 산 · 학 파트너십을 통해 서울의 도시 문제를 시민과 분석하고 해결하는 사회혁신 생태계 구현을 위해 마련되었다.

민 · 관 · 산 · 학 융합 분석을 위한 빅데이터 활용 환경을 조성하고 서울시에서 보유한 모든 빅데이터를 분석할 수 있도록 '빅데이터 공유 · 활용 플랫폼'이 추진되기도 했다. 서울시는 2015년 3월에 1400억 빅데이터 분석으로 '교통사고 대책'을 마련했고, 7월에는 빅데이터로 서울 장애인 콜택시 '자동배차시스템'을 개발했다. 또한 같은 해 10월에는 서울형 빅데이터에 대한 공유 활용 플랫폼의 고도화 사업을 추진했다.

이런 성과는 서울시의 교통사고 내역, 자동차 운행기록 데

서울시 빅데이터 랩

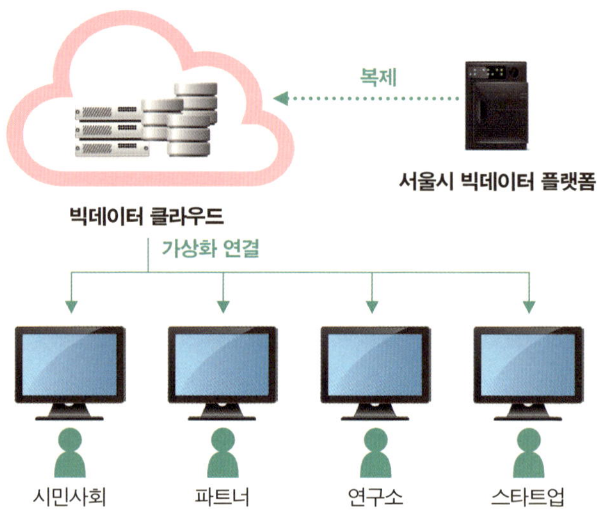

이터 및 운전자 돌발행위, 교통안전 시설물, 도로별 속도 정보, 기타 정보(유동 인구, 시설 정보, 기후 정보 등) 같은 빅데이터를 분석했기 때문에 가능했다. 이후 교통사고가 감소했고, 현장에 알맞게 과속 방지턱을 설치해 안전한 교통 환경을 조성했다. 또한 상담원의 판단에 따른 수동 배차에서 빅데이터 분석을 바탕으로 알고리즘에 의한 자동 배차로 전환함으로써 장애인 콜택시 대기 시간을 단축했다.

또한 서울시는 시민 체감형 빅데이터 분석 과제, 엠보팅, 공모, 정책박람회 등을 통해 과제를 지속적으로 발굴했다. 도시 문제 해결과 관련된 분석 과제를 우선적으로 채택하고, 교통 · 복지 · 관광 · 일자리 등 다양한 분야에서 사회혁신 과제를 발굴했다. 분석 결과를 정책에 반영하고 창업으로 연결시키는 동시에 사후 평가 후 시상을 하기도 했다. 그리고 우수한 정책 서비스 모형은 각 부서와 연계해 정책이 현실화되도록 지원했다.

서울시는 빅데이터 교육 프로그램이 일자리 창출 및 창업과 연계되도록 했다. 또한 대학(원)생과 일반인 대상의 기업 연계형 전문교육 프로그램은 SAS와 클라우데라 같은 글로벌 기업과 연계해 공동으로 운영했다. 캠퍼스 자원을 활용한 실전 교육에서는 수요자가 요구하는 전문 인재 양성을 지향했다. 일자리 노동국과 협업하여 분석 능력이 부족한 시민, 시민사회, 중소상공인 등에 분석 지원 서비스를 제공하여, 일자리를 창출하고 스타트업 지원 사업을 펼쳤다. 앞으로 시민들의 문제를 해결하기 위해 데이터의 집합인 BDM(Big Data Mart)을 활용하는 사례가 더욱 늘어날 것이다.

행복한 서울을 위한 천만 소통, 라이브서울

라이브서울은 인터넷, 모바일 웹, 앱으로 서울의 다양한 시정 정보, 문화 · 생활 정보, 교양강좌 등을 이해하기 쉽게 전달하는 서울시의 소셜 방송 플랫폼이다(http://tv.seoul.go.kr). 이는 전달력이 뛰어난 영상 콘텐츠로 시정을 투명하게 공개하고, 시민과 실시간으로 소통함으로써 시정에 대한 서울시민의 공감도와 이해도를 높이기 위해 시작되었다.

그동안 라이브서울을 통해 제공된 서비스들의 면면을 살펴보자. 라이브서울은 '유튜브 라이브 공식채널'로 운영을 활성화했다. 방송 클립과 시정홍보 영상 위주의 운영에서 시민 눈높이와 관심을 고려한 콘텐츠로 다변화하면서 문화, 명소 같은 정보 영상을 배포했다. 이러한 영상을 네이버 TV캐스트에도 배포했으며 아프리카TV의 라이브방송 채널 인기 BJ와의 콜라보 방송도 시도했다.

시정회의나 정책토론 현장 등의 주요 시정을 온라인으로 공개하고, 시정, 인문학, 서울 생활 정보 등의 시정 영상도 통합적으로 제공하고 확산했다. 이와는 별도로 '서울광장 라이브캠'을 운영했는데, 500만 명 이상의 시청자들이 시청했다. 나아가 시민 VJ, 마을방송국, 자치구를 연계해 시민 VJ 릴레이 방송을 했으며 '우리동네 왜 왔니' 같은 마을방송국 프로그램을 공동으로 기획했다.

PC, 스마트폰, 태블릿PC 같은 다양한 기기에 최적화된 '반응형 웹'을 오픈하고, 공유와 확산에 특화된 영상 플레이어를 자체 개발해서 다채널(시정, 지식문화, 시민, 네트워크) 서비스를 했으며, 시정영상 콘텐츠를 통합적으로 제공했다. 그리고 채팅창과 SNS와 연계한 '서울광장 24시'를 중계했다. 이 밖에도 광장의 날씨와 행사 정보를 담은 '라이브 위젯'을 배포했는데,

이를 계기로 방문객이 급증했다.

2016년에는 인기 BJ와 연계한 실시간 소통을 적극 활용하고 시민의 관심도가 높은 '정보, 감동, 재미' 중심으로 영상물을 확대했다. 대다수의 영상 매체에서 모바일 이용자 수가 절반 이상인 점을 고려해 모바일을 중심으로 라이브서울의 속도를 높이고 이용의 편의성을 집중적으로 개선했다.

또한 역량 있는 시민 VJ가 주요 시정과 서울 생활의 현장을 취재하도록 지원했다. 서울역 고가의 통행금지 첫날의 표정, 서울역 고가의 대규모 길거리 스케치, 오늘은 김장하는 날 사례가 대표적이다.

소셜비디오의 진화에 맞춰 360도 VR 영상, 인터랙티브 동영상, 드론 활용 영상 등의 새로운 기법을 활용해 서울의 명소, 축제 현장, 박람회, 개관식 같은 행사 현장을 깊이 있게 취재한 킬러 콘텐츠(Killer Contents)도 제작했다.

팟캐스트는 예고편, 소주제 클립, 오디오 광고를 통해 주요 정책 이슈나 기자 설명회의 뒷이야기 등 매주 2건의 이슈 콘텐츠를 제작했다. 영상을 별도로 촬영해 사전 홍보에 활용하고 송출 채널을 다양화했다. 민간 영상 매체 및 티브로드 내의 풀 VOD를 송출하고, 예고편 및 소주제별 클립 영상을 제작해 페이스북에서 서울시 홍보를 하는 동시에 오디오 광고와 모바일 광고도 했다.

외국인에게 유용한 방송 · 영상 콘텐츠(국제회의, 서울관광 관련 영상 등)에 영문 등 외국어 자막을 입혀 SNS를 통해서 배포하고 신규 채널도 발굴했다. 다양한 방송영상 미디어와 연계하는 방안도 적극적으로 추진되었다. 1인 미디어, 파워 페이스북, 소셜비디오 크리에이터와 연계해 감성 콘텐츠의 수급과 공유 확산의 효과를 거두고 있다.

또한 지역방송 미디어와 연계를 확장해 내국인의 관광 활성화에도 기여하고 있다. 이 과정에서 라이브서울 방송 플랫폼의 고도화가 이루어졌고, 데이터베이스 최적화를 통해 쾌적한 속도를 제공할 수 있게 되었다.

열린 시정의 중심,
열린 데이터 광장

미국의 오바마 정부는 지난 2009년 '투명하고 열린 정부'를 국정운영 방침으로 발표하고 '데이터통합저장소'를 오픈해 원 자료를 제공해왔다. 영국 정부는 OPSI를 설립해 공공정보 재활용 정책을 총괄하도록 하고 2010년 1월에 공공 데이터 7,000여 개를 민간에 개방했으며, 호주 정부도 2011년에 범정부 차원의 정보개방 체계 정립에 관한 지침을 마련하고 전담 기관을 설치해 열린 정부를 실현하기 위해 박차를 가하고 있다. 이처럼 여러 선진국들은 공공 데이터의 높은 사회 경제적 가치를 인식하고 공공 정보 원문을 전면 개방하는 능동적 개방 추세로 전환해왔다.

서울시도 세계적인 흐름에 발맞춰 열린 데이터 광장(http://data.seoul.go.kr)을 오픈했다. 사회경제적 가치가 높은 공공 데이터를 개방해 시민이 원하는 다양한 정보와 서비스를 민간이 직접 개발하는 열린 서울 2.0을 실현하고자 한 것이다. IT를 활용한 공공 서비스를 유도해 시민의 혜택을 높이고, 2014년 기준에서 연간 1조 2천억 원 규모의 공공정보 서비스 시장을 창출하기 위해서였다.

공공 데이터가 사회 · 경제적으로 중요한 공공 자산으로 재인식되면서 공공 데이터의 양도 지속적으로 증가했다. 국내 공공정보 활용에 따른 경제적 가치는 연간 10조 원으로 추정된다. 차츰 공공 데이터를 활용하고자 하는 분위기가 조성되자, 민간 차원에서 공공 데이터를 활용하여 다양한 비즈니스를 창출하고 관련 산업을 육성할 필요가 있었다. 예컨대 스마트폰이 확산되자 '서울버스' 같은 앱이 등장하며 공공 데이터 서비스에 대한 요구가 폭증했고, 2010년 기준으로 교통 데이터 이용자가 하루 평균 723명에서 26만 명으로 연간 350배나 증가했다. 이에 따라 시민들과 기업 간의 원활한 소통 채널을 마련하는 문제가 시급했고, 다양한 가치를 창출할 수 있도록 정책을 전환할 필요성이 제기되었다.

추진 전략이 설정되자 서울시는 표준 플랫폼을 개발해 제공하고, 자치구는 보유한 데이터를 수집하고 개방하여 신속하게 업무가 추진되었다. 2011년 10월부터 실시한 1차 구축에서는 다양한 환경에서 사용할 수 있는 국제 표준기술을 바탕으로 개방 관련 업무를 효과적으로 관리할 수 있는 포털 사이트를 만들었다. 그리고 2013년 2월에는 1차 구축 시 문제점을 개선하고, 리뉴얼 공공 데이터 서비스의 기능을 고도화해 시민의 접근성과 활용성을 높이는 작업도 이루어졌다. 이때 포털 사이트를 단순히 공공 데이터를 제공하는 공간에 제한하지 않고 공공 데이터를 활용하는 시민들의 참여와 소통이 이루어지는 공간으로 만들려고 노력했다.

이후 시민들이 자발적으로 참여하는 가운데 점차 새로운 서비스와 공공 가치가 만들어지기 시작했다. 그러면서 공공 데이터를 개방하고 공유하는 열린 시정의 중심에 '열린 데이터 광장'이 자리 잡게 되었다.

2015년 10월에는 검색포털(네이버, 다음, 구글)에서 검색할 때 공공 데이터가 잘 노출되도록 개선하고, 2015년 12월에는 민관 협업을 위한 커뮤니티 플랫폼 구축을 완료하여 공공 데이터를 제공하고, 공급자와 사용자 간 그리고 수요자 간에 토론과 협업 공간을 제공했다.

서울시가 무료로 개방하고 있는 총 3,700여 건의 공공 데이터를 스마트폰 앱이나 웹으로 활용하는 다양한 아이디어를 시민들이 직접 제안했는데 다음처럼 실용화되었다. 주변의 목욕탕이나 찜질방을 찾으려면 '스파인서울(SPA IN SEOUL)' 앱을 쓰면 되고, '바쁘다 바빠' 앱으로 정류장의 버스 승하차 QR코드를 찍으면 버스카드를 단말기에 대는 것을 대신해 시간 절약을 할 수 있으며, 워킹맘들은 아이가 방과 후에 또래 친구들과 놀 수 있도록 '또놀자' 앱을 이용할 수 있다. 서울시는 2015년까지 버스 승하차 정보, 상업시설 및 문화행사, 교육시설 현황을 비롯한 공공 데이터 480개와 일반 데이터 3,700여 개를 개방했다. 그리고 130여 건의 민간 서비스와 50여 건의 시각화 콘텐츠도 발굴해 공개했다.

이 밖에도 공공 데이터의 품질 개선과 개방 확대에 따라 데이터 구축 비용도 절감되었다. 예를 들어 지하철 데이터를 시간표 기준이 아닌 실제 지하철 운행 데이터를 개방해 관련 정

2015년 신구·개선 공공 데이터 현황

공공 데이터명	구분	주요 내용
지하철 운행 정보	신규	실시간 도착정보, 역 및 노선 등 기반 정보
실시간 대기 정보	개선	자치구별 실시간 대기환경(미세먼지, 오존 등) 정보
버스·지하철 승하차 정보	신규	스마트카드사에서 제공하는 승하차 정보 제공
북촌 CCTV 유동인구 정보	신규	북촌 IoT 관련 CCTV를 활용한 유동인구 측정정보
공공서비스 예약 정보	개선	시설, 문화행사, 진료 예약 정보
택시운행 분석 정보	신규	최근 1년 동안의 택시 승하차, 공차 운행 정보
공영주차장 정보	개선	서울시내 시·구 운영 주차장 정보
문화행사 정보	신규·개선	40종 신규 개방 및 61종 DB LOD 확장

보를 수집하기 위한 기업의 구축비와 운영비를 절감했다.

이렇게 서울시는 '열린 데이터 광장'을 통해 국민들이 공공데이터에 쉽게 접근하여, 이를 잘 활용할 수 있도록 운영하고 있다. 또한 데이터 시각화 툴(제품명: 데이지)을 도입하여, 시민들이 직접 그래프와 차트로 데이터를 만들 수 있게 하고 있다. 현재 400여 개의 시각화 콘텐츠가 만들어진 상태이며, 서울시 빅데이터 행정은 이미 여러 국내외 기관들의 벤치마킹 대상으로 자리매김했다. 또한 영국 〈가디언〉지에서 '지속 가능한 7대 빅데이터 시티'로 선정되기도 했다.

각종 민원, 앱으로 간단하게!
서울스마트불편신고

2012년 8월에 도입한 '서울스마트불편신고'는 스마트폰 앱을 통해 주민이 지역 내 각종 불편 사항을 직접 신고하고 처리 결과까지 확인할 수 있는 지도 기반의 시스템이다. 기존의 시민 불편신고 시스템을 개선하자는 취지에서 시작된 이 시스템의 추진 경과는 다음과 같다.

2012년 3월 20일, 서울지도홈페이지(http://gis.seoul.go.kr) 내에 '시민불편신고' 웹페이지에서 불편 신고 위치와 사진 및 신고 내용을 접수하기 시작했다. 아울러 같은 해 5월에는 스마트폰 앱 '희망서울 공감지도'를 활용해 대중교통 관련 불편사항을 등록하거나 신고할 수 있게 했다. 그리고 8월부터 지도 기반의 시민불편신고 유선(웹) · 무선(스마트폰) 통합체계를 구축하고, 기존에 운영되던 시민불편신고 웹페이지 및 스마트폰 앱을 통해 접수된 불편신고를 통합적으로 관리했다.

서울시의 부서 간 협조도 적극적이었다. 시민봉사담당관은 지도 기반 시민 불편신고 시스템으로 접수된 민원처리를 위한 120시민불편살피미 응용프로그램의 개발을 지원하고, 접수된 민원을 분류할 담당자를 지정했다. 유시티추진담당관은 희망서울 공감지도에 관한 앱 프로그램의 소스를 제공했다. 또한 120시민불편살피미를 온라인과 연계하고, 유선(웹)과 무선(스마트폰)으로 접수된 불편신고는 120시민불편살피미와 온라인으로 연계해 민원을 처리하고, 처리 과정을 상세히 공개했다.

서울스마트불편신고는 각종 도시시설물 관리와 주 · 정차 단속 업무에 활용할 수 있으며, 특히 향후 신고 위치를 지도에서 관리하므로 지역에 알맞게 시정 정책을 수립할 때 유용하게 사용할 수 있다. 관리 대상은 보도블록, 도로 파손, 도시 시설물, 도로(차도), 지하철, 버스, 장애인, 여성 안전, 소음, 위험 시설물, 쓰레기, 주 · 정차, 대형공사장, 방사선, 제설함, 상습 결빙 등 다양하다.

서울스마트불편신고는 스마트폰 앱과 인터넷 웹사이트에서 신고와 조회가 가능한 유무선 통합체계다. 불편 사항을 신고하려면 지도 위에 신고 위치를 표시하고 현장 사진을 첨부한다. 시민이 신고한 민원은 120다산콜센터에서 바로 접수하고, 처리 결과를 문자 및 스마트불편신고 앱을 통해 실시간으로 확인할 수 있다. 2016년 1월 말 기준 총 누적 신고 건수는 41만 8,941건이며, 한 달 간 신고 건수는 1만 9,455건으로 하루 평균 627건이 접수되었다. 분야별로는 주 · 정차, 불법 광고물, 도시 시설물, 쓰레기, 보도블록 신고가 많았다. 앱 다운로드 현황은 모두 9만 7,660건으로 하루 평균 1시간에 4건이 다운로드되었다.

불편사항 신고 창구가 다양해지고, 현장에서 바로 신고할 수 있는 편리성 때문에 시민에게 호응이 좋아 서울스마트불편신고 이용자는 계속 증가하고 있다. 또한 시민들로 하여금 직접 생활주변을 개선하면서 시정에 참여한다는 자부심을 심어주고, 신고경력을 자원봉사 시간으로 인정함으로써 동기부

여를 제공했다.

서울스마트불편신고는 2014년 12월에 인도 최대의 도시 뭄바이시에 수출되기도 했다. 서울시는 전자정부 관련 협력 사업 파트너인 세계은행, 한국 경제발전경험공유사업(KSP)을 추진하는 한국수출입은행과 '인도 뭄바이시 ICT를 활용한 시민참여 시스템 개발 사업(CPS: Civic Participation System)'을 공동으로 기획해 정책을 수출하게 된 것이다.

시민들의 상상 놀이터, 천만상상오아시스

천만상상오아시스는 '시민이 시장'인 희망시정을 구현하기 위한 제안시스템 개선계획이다. 천만 시민의 꿈과 희망이 담긴 아이디어를 소중히 평가하고 생명력 있는 정책 씨앗으로 키워 시민 중심의 열린 시정을 구현하기 위해 2006년 10월 10일 오픈되었다.

야심차게 출발했지만 운영상의 한계도 나타났다. 처음 의도와는 달리 관의 주도적인 평가로 제안자의 참여가 부족했고,

제안 처리 과정에도 시민 참여 비율이 저조했다. 또한 시민제안 접수 매체가 온라인에 한정되고 시정 정보를 제공하는 데 미흡했으며, 유사 · 중복 제안이나 이미 시행하는 제안이 전체 제안의 약 90%를 차지하는 경우도 있었다. 더욱이 불완전한 아이디어에 대한 반영 의지가 부족해 채택율이 저조했고, 구체성이 없거나 즉시 시행하기 어려운 제안을 숙성하고 관리하려는 노력이 미흡했다.

이에 따라 제안부터 평가에 이르는 전 과정에 걸쳐 시민이 직접 참여할 수 있는 구조로 개편할 필요성이 제기되었다. 어르신이나 사회취약계층 등 다양한 시민들의 의견을 수렴할 수 있도록 온라인에만 머물러 있던 정책 제안의 창구를 오프라인으로 확대했다. 또한 정책 수요가 많고 우수한 제안을 시정에 반영하는 선순환 구조를 마련하기 위해 다음과 같은 개선 방향을 마련했다. 첫째, 시민 주도의 신뢰성 있는 평가 시스템을 구축해 시정 반영률을 제고하는 것이다. 둘째, 혁신적인 오프라인 제안의 창구를 마련하고 아이디어 및 지식의 공유를 확산시키는 것이다. 셋째, 상상에 머물지 않고 시민 아이디어를 변화를 일구는 제안으로 정책화하는 것이다.

이를 실행하기 위해 우선 투명하고 신뢰받는 제안 평가 시스템을 마련하고 인센티브를 강화했다. 온라인 참여자에 의한 '위키 방식'의 아이디어를 고도화하고, 원 제안에 시민과 공무원의 아이디어를 추가해 제안의 실행 가능성을 높였다. 또한 시민 폴(Poll) 제도를 도입해 특정 횟수 이상 득표 시 1차 우수 제안으로 선정했다. 더욱이 온라인 제안뿐 아니라 '희망서울' 아이디어 마켓 등 오프라인 정책 제안도 함께 심사해, 시민토론 및 현장투표를 거쳐 TOP3 제안을 선정하고 포상했다.

시민들의 제안이 채택되는 절차는 다음과 같다. 시민들이 별도의 주제 없이 원하는 내용을 제안을 접수하면 10일간 시민투표를 거쳐 10표 이상 득표한 제안은 담당 부서에서 검토한다. 그러면 담당 부서에서는 제안 실행의 필요성, 효과성, 가능성 등 실행 여부를 종합적으로 검토하고, 만약 실행할 수 없을 때는 제안의 타당성, 효과성, 실현 가능성, 예산, 법령제도상 문제, 제안 실행 장소의 문제 같은 구체적인 사유를 기재한다. 담당 부서의 검토 결과 채택되지 않은 제안 중에서 추가 검토할 필요가 있는 사항은 '좋은 제안 선정회의'에서 재검토해 채택 여부를 결정한다.

이 밖에도 정책 제안의 접수 방식을 다양화하고 정보 공유 체계를 마련했으며, 서울시의 아이디어 접수 창구를 천만상상오아시스로 일원화했다. 상상뱅크 공무원 제안, 열린토론방, SNS 매체를 통한 정책 제안 등 모든 정책 제안을 모바일에서 언제 어디서나 제안할 수 있는 환경을 구축하여 서울시 정책에 관한 모든 아이디어가 선순환되도록 했다. 아이디어의 선순환 구조는 아래의 도표와 같다.

2006년 이후 이후 2015년까지 서울시 홈페이지 회원 중 천만상상오아시스 이용자는 8만 2,112명에 이르렀으며, 접수

아이디어 선순환 구조

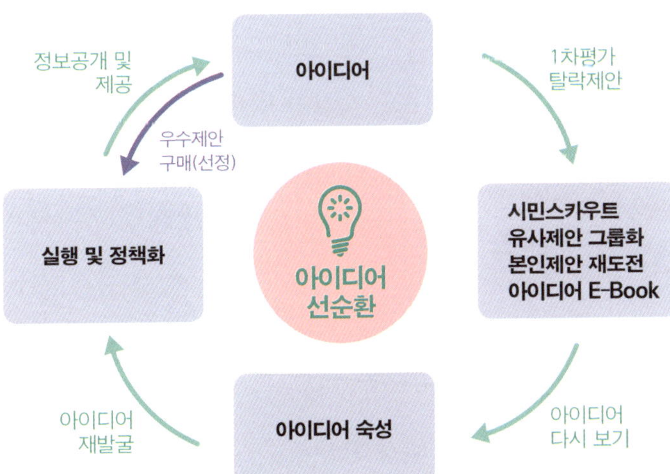

된 아이디어 총 16만 1,000여 건 중에 781건이 채택되었다. 2011년 이후 제안 건수가 감소했지만 제안 수준은 향상되어 채택률은 증가했다.

천만상상오아시스의 주요 채택 사례는 다음과 같다. 대한문 앞 왕궁 수문장 교대식 시민체험(2012년 상반기 창의상 최우수), 일요일 당번약국 안내 표지판 설치(2012년 상반기 창의상 장려), 승하차 지점이 여러 곳인 지점에 종합안내도 설치(2013년 하반기 창의상 우수), 지하철 역사 내 공기질 표시제도(2014년 하반기 창의상 최우수), 시각장애인을 위한 도로명주소 점자 안내문 배포(2013년 실행 제안), 서울대공원 유모차 셀프 소독 제안(2013년 실행 제안) 등이었다.

2015년에 채택된 사례는 다음과 같다. 서울시홈페이지에 서울 두드림길 안내, 광화문 시민열린마당 종합안내도 외국어 표기, 도서관 열람실 이용안내 간소화, 소화기 내구 연한 점검 지도 및 안내, 증강현실을 이용한 도서관 책 찾기, 전통시장에서 물품구매 시 티머니 교통카드 결제, 서울대공원의 삼림욕장길(둘레길) 보완 요청 등 총 97가지였다.

2015년 이후에는 IT환경 변화에 따른 새로운 요구가 발생했다. 사용자 위주의 변화된 트렌드를 반영하기에 어려웠고,

모바일 접근성이 떨어졌으며 쌍방향 커뮤니케이션이 미흡했다. 또한 '제안하기' 위주로 운영됨에 따라 '참여를 통한 숙성' 기능이 미흡하고, 개인의 단편적 제안 위주로 제안 수준의 한계가 나타났다. 따라서 시스템 개편을 위해 혁신 단체, 민간 전문가, 정보기획단 등으로 구성된 '천상오 재개발 기획회의'를 두 차례 개최했다.

그리고 개별적으로 운영되는 제안 시스템을 종합적으로 관리하고 상시 제안 공간을 조성하여 전략적인 혁신 의제를 발굴하는 방향으로 제안 플랫폼을 전면 개편하기로 했다. 나아가 모바일 접근성과 시각화를 제고하고, 커뮤니케이션 활동이 쉽도록 개선하며, 참여 대상과 제안 범위를 특정해 맞춤형 전략을 추진하기로 했다. 또한 시민이 제안한 아이디어가 정책적으로 실현될 수 있도록 상호 학습과 실행의 플랫폼을 구축하고, 아이디어 접수에서 시상까지 통합적으로 운영하는 제안 프로세스를 확립했다. 아울러 다양한 민간 자원을 활용해 민관 거버넌스를 구현했으며, 천만상상오아시스의 개편부터 운영까지 관련분야 전문가와 기업 및 단체로 구성된 민관 협의체를 상시 운영하고 찾아가는 제안 시스템을 운영하여 각계각층의 시민 참여를 적극적으로 유도했다.

결국 천만상상오아시스를 세계적인 제안 플랫폼으로 전면 개편하는 작업이 진행되었다. 기획부터 콘텐츠, 플랫폼 명칭을 전문가와 시민 참여를 통해 구성하고, 시민, 민간단체, 기업, 학교 등의 제안 시스템을 오픈 플랫폼, 해외 아이디어 사이트(Change by US NYC, Dell Social Innovation Challenge, Changemakers 등)와 연계함으로써 혁신적인 우수 아이디어를 공유했다.

또한 모바일 웹사이트를 개선해 접근성을 강화함으로써 손쉽게 제안할 수 있도록 하고 인센티브를 강화했다. 아울러 시민제안 숙성 과정 참여 및 실행 공무원 창의상 우선 선정, 제안자 명예의 전당 마련, 제안 실행 시 제안자 실명 표기, 1일 시민시장 위촉 등 집단지성을 이끌 수 있는 창조적 공유지를 조성하기 위해 노력했다. 그리고 시민, 전문가, 공무원이 함께 정책의제를 발굴하고 발전시키는 소통의 장을 제공하고, 자유롭게 모임을 개설하고 활동을 공유하는 오픈테이블(시민시장실)과 전문가 그룹이 참여하는 아이디어 숙성 워크숍, 실국장과 시민이 직접 만나 제안을 논의하는 서울상상마당 등을 운영했다.

이로써 천만상상오아시스는 온라인과 오프라인을 연계한

천만상상오아시스 운영 과정

아이디어 제안	→	서울 상상마당	→	아이디어 숙성 워크숍	→	정책 박람회	→	서울 창의상
천만상상 오아시스 (상시, 온라인) 제안의 날 (월 1회, 오프라인)		정책 및 기술혁신 제안을 토론 형식으로 개최 정책 결정자, 전문가, 시민 참여 (시즌제 운영)		전문가, 시민, 시민단체, 공무원 등으로 구성		정책 아이디어 캠프 (사전행사 1박2일) + 본행사 (총 3일간)		인센티브 강화 총 상금 확대 4,400만 원

상시 제안 프로세스를 구축하고 체계화시켜 시민들이 실질적으로 시정에 참여할 수 있게 되었다. 사회혁신담당관 산하에 팀별 전담 분야를 지정해 상시적으로 혁신적인 의제를 발굴하고, 정책 분야별로 모니터링을 함으로써 혁신 의제를 지속적으로 발굴했다. 이처럼 시스템을 강화하는 동시에 대상과 주제를 특정하는 '지정 제안'을 통해 제안 수준과 실행력을 높였다.

시민거버넌스 조직, 서울브랜드위원회

세계적으로 도시 브랜드를 활성화해 관광객을 유치하는 나라의 도시들은 세계를 상대로 투자 유치를 이끌어내고 있다. 이것은 도시 브랜드의 힘이며, 서울시도 새로운 도약을 위해 도시 브랜드를 창출해야 할 필요성이 절실했다. 서울시는 이를 전문가 집단이 아닌 시민들의 참여를 통해 진행하기로 했다. 다만 시민을 아우르는 구심점으로 서울브랜드추진위원회를 발족했다. 서울브랜드추진위원회는 2014년

10월에 언론 · 소통, 브랜드, 역사문화, 시민협력 분야 전문가 20명 내외로 구성됐다.

새로운 서울 브랜드는 처음부터 시민이 주도하는 거버넌스 형식으로 접근했다. 시장의 의도대로 브랜드가 개발되면, 시장이 바뀔 때마다 서울시 브랜드가 바뀔 가능성이 높기 때문이다. 50~100년을 이어갈 서울시 브랜드를 만들기 위해서 서울브랜드추진위원회는 스스로 정치적 중립을 유지하면서 시민들의 참여도를 높여갔다.

특히 어떻게 참여하는 것이 진정한 시민 주도인지에 대한 논의도 치열했다. 그 결과 전문가, 시민, 서울시 중심의 민관 협력 시스템인 서울시 브랜드 거버넌스가 구축되었다. 구성을 살펴보면 서울브랜드추진위원회, 모두의 서울, 서울얼굴가꿈단, 서울프렌즈, 서울시, 서울디자인재단, 서울연구원, 전문 용역사 등이다.

일반적으로 많은 기관에서 시민 참여를 외치지만, 시민들이 들러리인 경우가 많았다. 하지만 서울브랜드추진위원회는 모든 의견과 구체적인 아이디어를 시민들이 내고, 전문가들은 그것을 다듬고 보완해 시민의 눈높이에서 출발하고자 했다.

서울브랜드추진위원회가 꾸려지고 나서 얼마 되지 않아

'서울얼굴가꿈단'이 구성됐다. 시민 참여가 본격화된 것이다. 숱한 논의 과정을 거쳐 서울을 상징하는 핵심 키워드는 '공존, 여유, 열정'으로 결정됐다.

공존은 말 그대로 함께 어울리는 것이다. 누구에게나 문이 열려 있고 차별이 없는 상태, 다시 말해 있는 그대로 존재할 수 있음을 의미한다. 고궁과 마천루, 산과 강, 한국인과 세계인 등 서로 어울리기 어려운 이질적인 요소들이 조화와 균형 속에서 함께 존재함을 뜻하기도 한다. 과거를 보존하고 현대적인 감성과 함께 다음 세대에게 전해질 수 있는 지속 가능한 가치를 추구하는 것을 공존이라는 단어에 담았다.

열정은 새로운 가능성에 대한 열린 태도와 더 나은 미래를 창조하는 도전 정신을 의미한다. 현재 생동감 넘치는 에너지를 도시의 원동력으로 가지고 있음을 뜻하기도 한다. 새로운 흐름과 유행을 적극적 수용해 매력적인 볼거리, 즐길 거리, 누릴 거리가 가득한 현대적인 도시로 진화하겠다는 방향성을 제시한 것이다.

여유는 교통 체증으로 대변되는 바쁘고 급한 도시생활의 각박함과 삭막함이 해소되고 복잡함과 혼잡함이 극복되는 삶의 질적 향상을 의미한다. 대한민국 경제, 사회, 문화의 중심

지이자 수도로서 거주민의 행복과 만족을 지향하는 도시로 변화하기를 소망하는 마음이 담겨 있다.

2015년 7월에 서울시 브랜드 아이디어가 공모되고 9월에 접수 결과가 발표되었는데, 총 1만 6,147건이 접수되었다. 2002년 '하이 서울' 공모 시, 8,064건이 접수된 것에 대비해 2배 증가한 결과였다. 지난 2013년 국가 관광 브랜드 공모전에 5,000여 건이 접수된 것과 비교해도 참여도가 높았다. 이번 공모전 참여를 자세히 살펴보면 서울시 브랜드 홈페이지를 중심으로 한 온라인 접수는 8,846건이었고, 현장 접수 및 정보 소외층을 찾아간 오프라인 접수는 7,310건이었다.

그 뒤 서울시 브랜드 시민 선정위원회의 시민들이 최종적으로 선정한 30가지 시안은 전문가들의 손길을 거쳐 10가지 안으로 압축되었고, 그중 서울브랜드추진위원회에서 최종 후보안 3가지를 선택했다.

'I·SEOUL·U(아이 서울 유)'는 서울에 공존하는 다양성을 매개하고 품을 수 있는 관계 지향형 브랜드의 성격과 열린 구조를 지녔다. 또한 너와 나 사이를 서울이 이어주는 구조다. 'SEOULing(서울링)'은 언제나 진행형이라고 서울을 표현한 슬로건이다. 다양한 가치들이 함께 어우러지는 공존의 아이엔지(공존 ing), 새로움에 대한 열린 마음으로 항상 변화하는 열정의 아이엔지(열정 ing), 따뜻한 배려와 존중을 통해 함

시민공모(안) 압축 과정

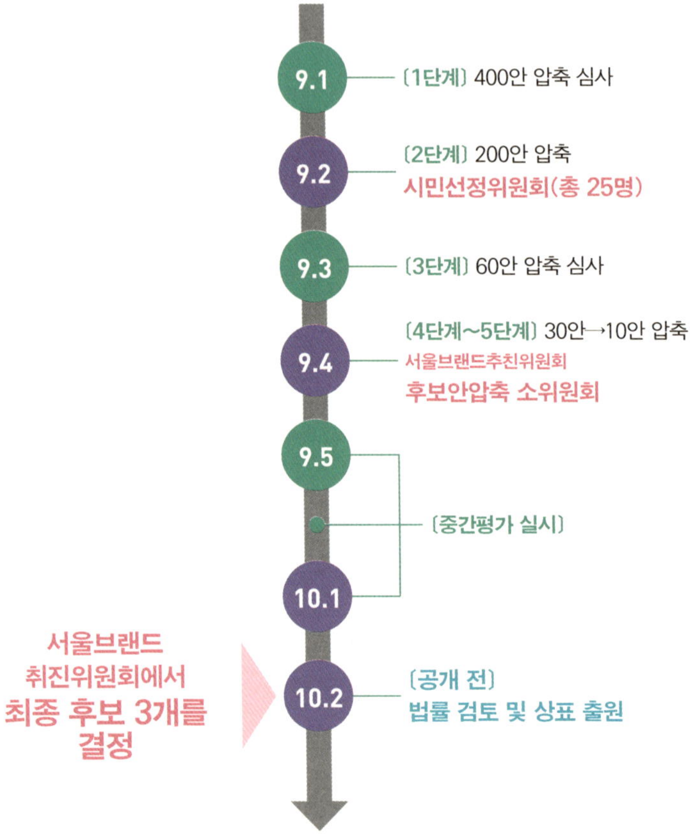

께 만들어가는 여유 아이엔지(여유 ing)를 담았다. 'SEOUL MATE(서울 메이트)'는 나에게 친구 같은 도시 서울을 표현하고 있다.

새로운 서울시 브랜드는 시민의 날인 2015년 10월 28일 서울광장에서 천만 서울시민을 대표하는 투표단 1,000명에 의해 최종 결정됐다. 투표에 앞서 서울시 외국어 홈페이지와 SNS 등 다양한 채널을 활용해 국내외 주요 도시의 10만 명을 대상으로 사전 시민 투표가 진행됐다. 전문가 심사 점수(25%), 그리고 시민 대표단 1,000명의 투표 결과(25%)가 합산되어 'I·SEOUL·U' 브랜드는 서울을 대표하는 새 얼굴이 되었다.

서울시의 새 도시 브랜드가 태어난 이후 많은 논란이 있었다. 그렇지만 도시 브랜드의 성공 사례로 꼽히는 미국 뉴욕의 'I♥NY'도 처음에 너무 평범하다는 비판 여론이 많았다. "나는 뉴욕을 사랑해"가 어떻게 뉴욕을 상징할 수 있겠느냐는 여론이었다. 네덜란드 암스테르담의 'I Amsterdam'이나 독일 베를린의 'Be Berlin'도 도시 브랜드를 선포한 지 1년 동안 반대 의견이 70~80%에 달했다. 도시 브랜드의 도입 초기에 나타나는 어색함은 해외 주요 도시의 브랜드 구축 과정에서도 나타나는 공통적인 현상이다. 따라서 서울시의 새 브랜드도 분명 시간이 지나면 국내외에서 자연스럽게 받아들여질 것이다. 새로운 도시 브랜드는 숙성시켜야 그 가치가 증가하고 깊은 맛을 내기 마련이다.

2016년 5월 서울시 의회도 '서울특별시 상징물 조례'를 의결했다. 이에 따라 사전 준비 성격을 지녔던 서울브랜드추진위원회는 '추진'자를 떼고 서울브랜드위원회로 거듭나게 되었다. 서울브랜드위원회는 시민이 주도하는 서울브랜드 활용과 확산을 위해 시민 거버넌스 조직인 시민참여단을 모집해 운영할 수 있다. 시민참여단은 서울브랜드 확산을 위한 시민참여캠페인 기획 및 실행, 서울을 소개하고 알릴 수 있는 홍보방안 강구 및 실행, 서울브랜드를 활용한 다양한 홍보 콘텐츠 개발 및 확산, 서울브랜드 알리기 관련 사업의 서포터즈 수행, 그 밖에 시장이 필요하다고 인정하는 활동을 할 수 있다.

서울의 새로운 얼굴 'I·SEOUL·U'는 '너와 나의 서울'이자 서로 공존하는 서울을 상징한다. 서울을 중심으로 나와 당신이 이어지며, 서울(SEOUL)의 중심에 있는 알파벳 'O'를 한글 자모 '이응'으로 표현해 서울이 국제적인 도시이자 대한민국의 대표 도시임을 형상화했다. 앞으로 'I·SEOUL·U'는 국내외에서 더욱 사랑받는 도시 브랜드가 되리라고 확신한다.

CHAPTER 4

소통도시 서울

소통과 개방이 서울의 혁신을 이끈다

더 나은 소통도시를 위한 해결 과제

지금까지 서울시의 소통행정을 핵심 사례 위주로 살펴보았다. 소통행정의 핵심 가치는 시민이 중심이 되는 것이다. 물론 아직도 서울을 소통도시로 만들기 위해 해결할 과제들이 많다. 예를 들어 수서역 개발, 강남순환도시고속도로 개발, 서울역 고가 7017 프로젝트 등이다.

우선 수서역 개발 문제를 살펴보자. 수도권 고속철도가 개통되면 수서역에서도 KTX를 탑승할 수 있다. 그렇게 되면 이

지역에서 부산이나 목포 방면의 KTX를 이용하기 위해 광명역까지 갈 때 걸리는 이동 시간이 1시간 정도 단축된다. 현재 수서역 일대는 영구 임대아파트와 보금자리 주택이 많고 개발제한구역이 대부분이다. 그 개발제한구역 중 60만m²를 해제해 복합환승센터를 건설하고 역세권을 개발할 계획이 예정되어 있다. 게다가 수서발 수도권고속철도(SRT)가 2016년 12월 개통되었다.

이 같은 여러 개발에 대한 기대감으로 수서역 일대는 부동산 관심 지역이 되었다. KTX 수서역이 개통되면 근처의 부동산 값이 더 오를 것이고, 인근 강남지구의 보금자리주택은 물론 민간 아파트까지 웃돈이 형성될 것이라고 한다. 이렇게 되면 현지 주민들과 외지인의 갈등이 더욱 심화될 수 있다. 이때 서울시는 현장의 생생한 사정을 경청하고 바람직한 방향을 제시하는 소통의 지혜를 발휘해야 한다. 그래야만 지역 현안들을 현명하게 풀어나갈 수 있다.

다음으로 강남순환도시고속도로 개발 문제를 보자. 강남순환도시고속도로가 개통된 뒤, 한낮이나 심야 시간대에 일직선으로 뻗은 4차선 도로를 질주하는 차들이 많아져 주민들의 불만이 커졌다. 또한 출퇴근 시간에는 밀려드는 차량들 탓에

1단계 구간(금천구 독산동~서초구 우면동, 총 13.8㎞)이 주차장처럼 되어버렸다. 진입 구간의 병목 현상은 대안을 찾기 어렵고, 경찰과 서울시 간의 갈등으로 과속 단속 카메라를 달지 못해 심야에 광란의 질주를 벌이는 속도광들에 대한 처벌이 이뤄지지 않고 있다.

서울시는 하루속히 바람직한 대안을 제시해야 한다. 출퇴근 시간 진입 구간의 교통량을 제대로 예측하지 못한 도로 설계가 교통난의 직접적인 요인이라는 지적을 진지하게 경청해야 한다. 더불어 시민과 경찰, 교통 전문가들의 조언을 듣고 격의 없는 토론을 통해 교통 효율성을 높일 방안을 내놓아야 한다.

마지막으로 서울역 7017 프로젝트를 살펴보자. 이 프로젝트는 서울역 고가도로를 철거하는 대신, 역사성과 상징성을 고려해 시민들의 여가 공간으로 바꾸려는 야심찬 시도다. 차가 다니던 길을 문화 공간과 녹지공원으로 조성해 사람이 다니는 길로 만들고, 고가로 단절되어 낙후된 서울역 서쪽 지역을 남대문시장, 남산, 명동과 연결시켜 활력을 불어넣는 도시 재생 사업이다. 이곳에 방문객을 위한 관광안내소, 카페, 체험관, 공연장 등의 편의시설을 만들고 원형화분을 제작해 다양한 수목을 심을 예정이다. 보행길은 광장, 가든, 공원, 주변 빌

딩 연결 구간, 고가 보존 구간, 서울역 광장 등 주요 구간마다 테마별로 꾸며진다. 역사, 문화, 관광, 쇼핑이 융합된 새로운 도보 관광 코스는 서울역을 거쳐가던 40만 유동인구를 더 오래 머물게 할 것이다.

그런데 이 사업을 반대하는 남대문시장 주변 상인들의 목소리가 높다. 서울역 7017 프로젝트가 완성되면 시민들의 도심 속 문화 공간이 될 것이 분명하지만, 그 과정에서 상인들의 마음을 진정으로 얻지 못한다면 부분적인 성공에 그치는 셈이다. 그리고 국제현상설계를 거쳐 진행되는 이 프로젝트는 국제공모 당선작이기에 오히려 지역의 특성을 충분히 반영하지 못했을 수 있다. 따라서 서울시는 그동안의 소통행정 경험을 바탕으로 상인들과의 문제를 풀어나가야 한다. 향후 남대문시장 주변 상인들까지도 시장 방문객들에게 서울역 7017 고가도로를 걸어봐야 할 명소라고 진심으로 권유할 수 있을 때에야 비로소 프로젝트가 진정한 성공을 거뒀다고 평가받을 것이다.

소통도시 서울을 위한 과제와 전망

서울시의 열린 소통은 행정의 문턱을 낮추고 시민들이 시정에 참여할 기회의 폭을 넓혔다. 그럼에도 앞으로 개선해야 할 과제가 남아 있다. 지금까지 언급한 소통행정 중에서 몇 가지의 향후 과제를 제시하면 다음과 같다.

'주민참여예산제'는 그동안 놀라운 성과를 나타냈다. 예산과의 행정 업무 내용도 놀라운 수준으로 발전했고, 지원협의회의 안목이나 운영위원회의 적극적인 활동도 기대 이상이었다. 모두 책임감을 가지고 노력한 결실이었다. 그렇지만 이 제도를 모르는 시민들이 아직도 많기 때문에 보다 적극적인 홍보 활동이 필요하다. 홈페이지, SNS, 소식지 같은 기존의 홍보 매체는 물론 홍보 채널과 방법을 적극적으로 다변화해야 한다. 나아가 민간단체와 협력해서 예산 낭비 신고 제도를 활성화함으로써 예산을 절감하는 동시에 효율적인 재정 집행 방안을 강구해야 한다.

'정보소통광장' 역시 상당한 성과가 있었다. 정보소통광장은 성장을 이끌어가는 1%뿐 아니라, SNS를 통해 분출되는 99%의 목소리와도 소통하고 협업해야 함을 여실히 보여주었다. 이는 서울시의 열린 행정이 앞으로 지향해야 할 미래상이기도 하다. 하지만 SNS를 통해 분출되는 99%의 시민 목소리와 어떻게 더 깊게 소통하고 구체적으로 협업할지 구체적인 방안이 정립되지 않은 듯하다. 앞으로 정보소통광장의 모바일 소통 방안과 전략을 구체적으로 설정했을 때, 서울시는 시민들과 더불어 '함께 서울'의 가치를 실현해나갈 수 있을 것이다.

'빅데이터' 사업 역시 나름대로의 성과를 보여주었다. 그러나 그것만으로는 부족하며, 새로운 데이터 융합 전략을 모색해야 한다. 서울시 빅데이터 사업의 근간을 이루는 인구, 교통, 시설물, 소비, 환경, 시민 의견 같은 6가지 기반 데이터인 BDW(Big Data Warehouse)를 보다 탄탄하고 체계적으로 구축함으로써 빅데이터 캠퍼스를 확산해나가야 한다. 빅데이터는 단지 자료가 많다고 해서 의미가 있는 게 아니라, 이질적인 주제의 자료가 서로 만나 새로운 통찰력을 제공하는 데 의미가 있기 때문이다.

'라이브서울'에서는 그동안의 성과와 경험을 바탕으로 시민들의 더 많은 정책 참여를 이끌어내는 질적 향상이 필요하다. 시민 채널을 지속적으로 확대하고 시민들에게 더 많은 참여 동기를 제공해야 한다. 주요 시정을 재미있게 알리는 기획 방송도 필요하며, 시민 참여형 방송으로 발전시켜야 한다. 시정, 인문학, 서울생활정보 같은 시정 영상을 통합적으로 제공하고 다양한 미디어와 연계해 방송 영상 콘텐츠를 확산함으로써, 시민들의 접근성을 높이는 동시에 시정에 대한 이해도를 높여야 한다.

'열린 데이터 광장'을 통해 시민들은 각종 자료를 쉽게 접할 수 있게 되었다. 앞으로 서울시는 수요자 중심의 데이터를 지속적으로 발굴함으로써 자료의 이용 가치를 높여야 한다.

수요자의 관점에서 유용한 데이터를 선별하고, 발굴된 데이터의 품질을 평가해 보다 고품질의 데이터를 제공해야 한다. 또한 데이터 개방 플랫폼을 활용한 민 · 관 협력 커뮤니티를 지금보다 더 활성화해야 한다. 제휴한 민간 데이터를 공공 데이터와 함께 제공함으로써 시민들이 데이터 광장에 더 자주 들어오게 해야 하며, 데이터의 새로운 가치를 확산해야 한다.

'서울스마트불편신고'는 외국에서도 벤치마킹하는 지도 기반의 생활 불편신고 시스템이다. 시민들이 불편 사항을 웹페이지나 스마트폰을 이용해 신고할 수 있고, 접수된 민원을 신속히 처리할 수 있도록 기존의 시민 불편신고 시스템을 개선했지만, 스마트 시대를 살아가고 있는 시민들의 기대치는 더 앞서기 마련이다. 따라서 수시로 시스템 성능을 향상시켜 소통의 실시간성을 높여야 한다. 또한 서울시는 선진적인 전자정부 우수 정책을 해외 도시에 적극적으로 전파하는 동시에 국내 중소기업의 해외 진출을 위한 교두보 역할도 수행해야 한다.

'천만상상오아시스'는 시민들의 아이디어를 생명력 있는 정책 씨앗으로 키우기 위해 시작되었다. 민·관 협업 시스템으로 분야별로 쟁점이 되는 핵심 의제를 발굴하는 제안 시스템으로 자리 잡았다. 이런 성과를 바탕으로 앞으로 온라인에 머물러 있던 정책 제안의 창구를 오프라인으로 확대하고, 어르신이나 사회취약계층 등 다양한 시민들의 의견을 더 많이 수렴할 수 있는 방안을 모색해야 한다. 그리고 세계적인 제안 플랫폼으로 자리매김할 전략을 수립해야 한다.

서울브랜드위원회는 2015년 10월 28일에 발표된 서울의 새로운 얼굴 'I·SEOUL·U'의 가치를 확산시키기 위한 소통 캠페인을 전개해야 한다. 진통 끝에 태어난 서울브랜드는 지금 새싹 단계일 뿐이다. 새 브랜드는 언제나 생소하기 마련이기에 초기에는 상당한 비난 여론이 있을 수밖에 없다. 관심과 애정으로 잘 가꾼다면 대한민국 수도 서울을 대표하는 얼굴이 되기에 손색 없을 것이다. 서울브랜드를 가꾸는 데도 시민 거버넌스 정신이 가장 중요하다.

서울시와 만나는 20가지 방법

시민들이 서울시와 만나 열린 소통을 할 수 있는 방법은 다양하다. 서울시는 온라인을 통해 시 정책을 널리 알리고 시민들의 소중한 의견을 수렴하고 있다. 동시에 시민들의 생활에 도움될 만한 다양한 채널을 만드는 등 적극적으로 활동을 펼치고 있다. 그중에서 서울시와 만날 수 있는 대표적인 20가지 방법에 대해 알아보자.

〈내 손안에 서울〉

mediahub.seoul.go.kr

서울시민을 위한 디지털 놀이터, '내 손안에 서울'은 서울시 콘텐츠를 더욱 쉽고, 빠르게 접할 수 있는 모바일 소통형 플랫폼이다. 시민들의 직접 참여해 '서울 이야기'를 바로 전하고, 만들고, 공유하며, 즐길 수 있다.

〈라이브 서울〉

tv.seoul.go.kr

시청에서 운영하는 소셜 인터넷 방송 '라이브 서울'은 다양한 시정 이슈와 주요 회의 현장을 생중계한다. 특별 강연, 서울시 관련 팟캐스트, 시민이 참여한 방송 등 다양한 영상을 볼 수 있다.

〈응답소〉

eungdapso.seoul.go.kr / m.eungdapso.seoul.go.kr

서울시의 대표적인 소통 창구인 '응답소'는 서울시의 모든 민원과 제안을 통합 · 관리하는 온라인 시스템이다.

〈서울시 SNS〉

페이스북 **www.facebook.com/seoul.kr**

트위터 **twitter.com/seoulmania**

인스타그램 **instagram.com/seoul_official**

카카오스토리 친구찾기에서 '서울'로 검색

〈서울시 블로그〉

공식 블로그 '서울마니아' **blog.seoul.go.kr**

서울 여행정보 '서울나들이' **blog.naver.com/haechiseoul**

〈꼼꼼한 서울씨〉

www.seoul.go.kr/monitor

서울시민모니터 '꼼꼼한 서울씨'는 서울시의 주요 시책과 활동에 대해 시민과 의견을 나누는 시민참여 제도다. 서울, 경기, 인천에 거주하는 성인 누구나 모니터링 요원으로 활동할 수 있다.

〈서울시 여론조사〉

research.seoul.go.kr

서울시는 시민의 목소리에 귀를 기울여 시민과 함께 만드는 시정을 구현하고자 시정 각 분야에 걸쳐 여론조사를 실시하고 있다. 서울시 여론조사 홈페이지에서 실명 인증을 하면 온라인 패널로 활동할 수 있다.

〈천만상상 오아시스〉

oasis.seoul.go.kr

'천만상상 오아시스'는 시민의 상상과 제안을 정책으로 실현하기 위한 시민제안 창구다. 시민들이 다양하게 의견을 개진하고, 댓글과 토론, 전문가 의견을 더해 실현 가능한 방안을 모색하는 쌍방향 소통 채널이다.

〈참여예산 예산낭비신고센터〉

yesan.seoul.go.kr

서울시의 예산과 관련된 정보는 물론 예산이 낭비되는 곳에 대해 시민이 직접 신고할 수 있다. 서울시가 시행하고 있는 주민참여예산제에 대한 상세한 설명이 게재되어 있으며, 참여예산 사업 신청도 가능하다.

〈서울 안전누리〉

safecity.seoul.go.kr

'서울 안전누리'는 시민의 안전을 위한 다양한 정보를 총망라한 사이트다. 각 상황별 안전정책과 시민행동요령, 다양한 생활안전정보를 담고 있으며 시민이 직접 안전을 위협하는 요소를 신고하는 '안전신문고'도 운영하고 있다.

〈서울 지도〉

gis.seoul.go.kr

서울시에서 제공하는 GIS 서비스인 '서울 지도'는 일반적인 지도부터 정책지도, 특화된 분야별 지도 등을 제공하고 있다. 시민이 참여하는 커뮤니티 맵, 통계지도, 공간정보 학습마당 등 지리정보와 관련된 다양한 서비스도 있다.

〈공공서비스 예약〉

yeyak.seoul.go.kr

서울시와 산하기관, 자치구의 체육시설, 시설대관, 교육, 문화행사, 진료 등 서울시의 다양한 서비스를 한곳에서 검색, 예약할 수 있는 사이트다. 지역별, 분류별로 쉽게 찾아볼 수 있어 편리하다.

〈서울 문화포털〉

culture.seoul.go.kr

서울시 곳곳에서 펼쳐지는 다양한 문화행사를 손쉽게 찾아볼 수 있다. 박물관, 미술관, 도서관, 문화원 등 공공 문화시설은 물론, 공연과 축제정보, 문화나들이 정보도 풍성하다.

〈Visit Seoul〉

www.visitseoul.net

서울시의 공식 관광정보사이트 'Visit Seoul'은 서울의 명소와 맛집, 숙박, 쇼핑, 축제와 공연 등 서울시의 여행 정보를 담은 사이트다. 한국어와 영어, 일본어, 중국어로 서비스되고 있다.

〈보육포털서비스〉

iseoul.seoul.go.kr

자녀양육에 필요한 다양한 정보를 제공하는 '보육포털서비스'는 어린이집에 대한 정보 검색과 서울시가 제공하는 보육서비스 정보, 아이들을 위한 추천도서와 체험 등 다양한 보육정보를 제공하고 있다.

〈모바일서울〉

서울시를 대표하는 '모바일서울'은 서울 생활에서 꼭 필요한 버스 · 지하철 등 교통 정보와 문화행사, 취업, 부동산 등 다양한 생활 편의 및 시정 정보와 함께 참여 · 소통 서비스를 제공하는 앱이다.

〈서울 스마트 불편신고〉

시민이 생활 속에서 느끼는 각종 불편사항을 스마트폰으로 언제, 어디서나 신고할 수 있는 앱이다. 신고된 내용은 '120다산콜센터'로 연결되어 해당 부서에서 신속하게 처리된다.

〈서울시 택시 안심 서비스〉

시민의 안전한 귀가를 지원하는 '서울시 택시 안심 서비스'는 심야 시간에도 안심하고 택시를 이용할 수 있도록 돕는 앱이다. 택시 뒷좌석에 부착된 NFC 태그에 스마트폰을 대면 등록한 지인들에게 택시의 위치와 정보가 송신된다.

〈서울시 엠보팅(mVoting)〉

모바일 투표 앱인 '서울시 엠보팅'은 모바일로 많은 사람들의 의견을 모아 정책을 개진할 수 있도록 도와준다. 누구나 자신이 원하는 의제를 올릴 수 있고, 친구나 지인들만 모이는 비공개 투표방을 만들 수 있다.

〈스마트 서울맵〉

서울시 다양한 행정 정보를 알기 쉽게 지도에 표시한 '스마트 서울맵'은 서울시 행정 정보는 물론 와이파이, 착한가게, 작은도서관, 화장실 등 시민들의 생활에 직접 도움이 될 수 있는 다양한 콘텐츠를 담고 있다.

참고문헌

- 김병희, "I · SEOUL · U를 I♥NY처럼", 중앙일보, 2015.10.30.
- 서울브랜드추진위원회, 2015, 『서울브랜드 이야기』, 서울특별시.
- 서울특별시, 2011, 2011년 서울시인터넷TV 운영 및 영상프로그램제작 기본계획.
- 서울특별시, 2011, 열린시정을 위한 시민과의 현장소통계획.
- 서울특별시, 2011, 서울 열린 데이터 광장 개설 계획.
- 서울특별시, 2011, 시민이 시장이 되는 1일 시민시장 운영 계획.
- 서울특별시, 2012, 민원 · 제안시스템 통합관리 추진계획.
- 서울특별시, 2012, 지도 기반 시민불편신고시스템 고도화 계획.
- 서울특별시, 2013, 명예부시장 확대 운영 및 선발 계획.
- 서울특별시, 2013, 『2012 서울100서』.
- 서울특별시, 2013, 『2012년 서울시 주민참여예산제 돌아보기』.
- 서울특별시, 2013, 『서울 열린 데이터 광장 백서』.
- 서울특별시, 2013, 『서울시 초협력 전자정부 종합계획』.
- 서울특별시, 2014, 『2013 서울100서』.
- 서울특별시, 2014, 『2013 서울특별시 주민참여예산제 들여다보기』.
- 서울특별시, 2014, 『2013 희망서울 정책박람회 백서』.
- 서울특별시, 2014, 『서울정보소통광장백서』.
- 서울특별시, 2014, 『현장시장실 백서』.
- 서울특별시, 2015, 예산낭비신고 활성화 방안.

- 서울특별시, 2015, 2016년 서울시 소셜방송 라이브서울 방송영상콘텐츠 제작 및 운영 계획.
- 서울특별시, 2015, 시민청 운영 및 확산.
- 서울특별시, 2015, 제안플랫폼 운영 계획.
- 서울특별시, 2015, 『2014 서울100서』.
- 서울특별시, 2015, 『2014 서울특별시 정보공개 연차보고서』.
- 서울특별시, 2015, 『2014 함께서울 정책박람회 백서』.
- 서울특별시, 2015, 『2014년 서울시 주민참여예산제 돌아보기』.
- 서울특별시, 2016, 2015년 시민발언대 운영결과 보고.
- 서울특별시, 2016, 청책토론회 운영 현황.
- 서울특별시, 2016, 『2015 서울소통백서』.
- 에델만코리아, 2015, 에델만 신뢰도 지표(Edelman Trust Barometer).
- 유창주, 2013, 『소통도시』, 한울.
- 주디 브라운넬, 이시훈·한주리 옮김, 2007, 『듣기: 태도 원리 그리고 기술』, 커뮤니케이션북스.